# 股票交易公式编写

## 让你成为聪明投资人

领 风 余 裕◎著

中国铁道出版社有限公司
CHINA RAILWAY PUBLISHING HOUSE CO., LTD.

## 内 容 简 介

本书系统介绍了股票公式（通达信系列软件平台）及其编写方法，讲解详细、直接，内容简单、实用，普通的金融投资者都能学习、编写和使用股票公式，在几分钟内筛选出 3 600 余只或更多的个股，得到清晰的股票列表，找到符合自己要求的股票，实现数字化量化选股，极大地提高选股效率。

本书适合需要把 K 线图和相关技术指标作为投资决策参考的投资者和操作者。

投资的过程也是不断学习的过程，希望本书能帮助投资者进步。

**图书在版编目（CIP）数据**

股票交易公式编写：让你成为聪明投资人/领风，余裕著. —北京：中国铁道出版社有限公司，2022.5（2024.2重印）

ISBN 978-7-113-27655-3

Ⅰ.①股… Ⅱ.①领… ②余… Ⅲ.①股票交易-基本知识 Ⅳ.①F830.91

中国版本图书馆CIP数据核字(2022)第018903号

**书　　名：**股票交易公式编写——让你成为聪明投资人
GUPIAO JIAOYI GONGSHI BIANXIE：RANG NI CHENGWEI CONGMING TOUZIREN

**作　　者：**领　风　余　裕

---

**责任编辑：**张亚慧　　**编辑部电话：**（010）51873035　　**邮箱：**lampard@vip. 163. com

**编辑助理：**张　明

**封面设计：**宿　萌

**责任校对：**孙　玫

**责任印制：**赵星辰

---

**出版发行：**中国铁道出版社有限公司（100054，北京市西城区右安门西街 8 号）

**印　　刷：**番茄云印刷（沧州）有限公司

**版　　次：**2022 年 5 月第 1 版　2024 年 2 月第 6 次印刷

**开　　本：**710 mm×1 000 mm 1/16　**印张：**15.5　**字数：**217 千

**书　　号：**ISBN 978-7-113-27655-3

**定　　价：**79. 00 元

---

# 前　言

为什么要投资股市？因为可以获得社会经济总体发展带来的收益。可以预见的收入分为两类：一个是劳动力收入（如工资），另一个是投资收入（办工厂、开公司、投资股市等）。投资收入有个特点，会放大社会经济总体发展的效果，社会经济总体发展越快，投资收益增长会加倍地快。投资是获得社会经济大发展带来收益的好方法。如果没有能力和精力去开办和经营工厂、公司等直接的实体投资，那么，投资股市是一个不错的方法，也是间接的实体投资。

投资股市，分析 K 线图是个好方法，正所谓一切都体现在价格上，K 线图包含一切信息和状况的作用总和。这话虽然有失偏颇，但还是表明了 K 线图的重要性。

K 线图实在太多了。数字化、自动化的分析方法帮助我们快速自动分析所有相关的 K 线图，找出具有我们选定特征的 K 线图。各大证券公司提供的行情软件中都带有一些常用的股票公式。

当然，这些是远远不够的，我们需要学习了解这些附带的股票公式，同时把自己的经验、要求、目标加入进去，编写属于自己的股票公式，快速、自动地找出我们所要的特征 K 线图，十倍、百倍地提高股票走势的分析效率。

另外，股票公式也可以用于分析和挑选股票的各项财务数据指标，快速分清股票的财务健康状况。

本书的亮点在于：

（1）阐述股票公式的编写思路和方法：从单条 K 线的描述开始，组合成简单走势特征的描述，再合成复杂走势特征要求的答案；

（2）给出逻辑判断输出线的排列、分色显示方法，使得显示清晰明了；

（3）明确描述 K 线的顺序名称，让多条 K 线的顺序描述简单明了；

（4）讲解根据案例建立模型，按照模型编写公式的实用方法；

（5）介绍直接显示地区、概念、行业及专业财务数据的方法；

（6）传递图线即公式、公式即图线的行情走势数字化描述理念。

本书讲解的股票公式初步编写和使用方法，大多借鉴和学习现有公开的和通用的方法，希望与读者们共同探讨提高。后续还将整理和编写有关股票公式的书籍，与读者和投资者们共勉。

作　者

2022年3月

# 目录

# 第一章

# 股票公式简介

说你能写股票公式，你不相信。也对，以前你确实没编写过股票公式，可能最多也就是对指标公式参数修改一下。但是，现在这一状况会得到改变，通过学习，我们可以改动指标公式，并且编写自己的股票公式。

股票公式之所以充满神秘感，是因为我们没有去关心和查看它们。当我们去查看和分析它们时，就会看到股票公式是简单的，不比小学五、六年级的方程式复杂，完全可以学会。

说你能写股票公式，你不相信，那是以前，现在就开始改变。

# 第一节　股票公式与股票技术指标

打开一个股票的K线图（以通达信类软件平台为例），都会看到这样的画面（图1−1）。

图1-1　股票K线图

这张K线图包含很多个公式。这里我们来看其中的三个公式：

（1）主图中的MA公式（MA指标）；

（2）副图中的KDJ公式（KDJ指标）；

（3）副图中的MACD公式（MACD指标）。

一个指标，就是由一个公式给出的。所以，公式和指标这两个名词，在这里可以是等价的。

## 一、技术指标的公式源码

将鼠标放在副图KDJ的数字上，右击，出现如下画面（图1–2，注意：被点击的指标线上会出现小黑点，表示这条线被选中）。

图1-2　修改当前指标公式

点击“修改当前指标公式”，出现“指标公式编辑器”（图1–3）。

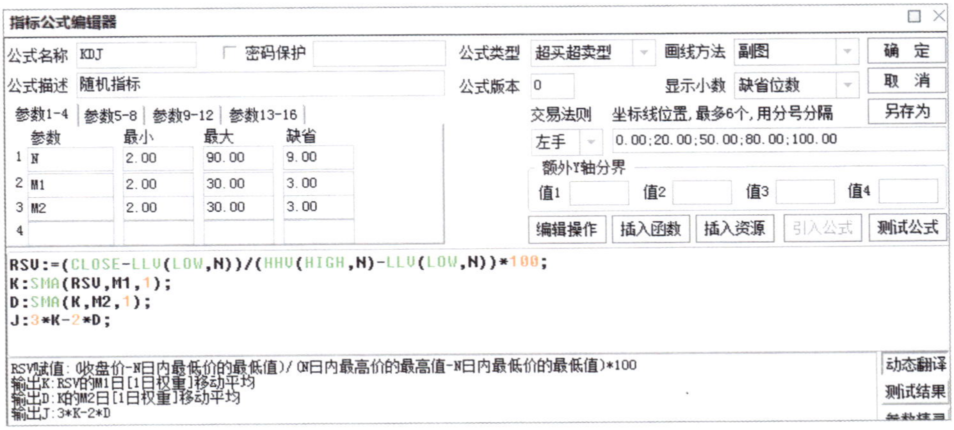


图1-3　指标公式编辑器

现在，KDJ指标公式的内容（源码）就出现在我们面前：

公式名称：KDJ（注：KDJ是个指标，也是个公式）。

公式描述：随机指标

公式类型：超买超卖型

画线方法：副图（也就是显示时是在副图的位置）。

参数1-4：N，M1，M2，只有这三个参数，用来给公式中相应的参数赋值。数值可以从标明的“最小、最大”之间选取，缺省时，分别为：9、3、3。

中间的方框内就是公式的正文。具体如下：

```
RSV:=(CLOSE-LLV(LOW,N))/(HHV(HIGH,N)-LLV(LOW,N))*100;
K:SMA(RSV,M1,1);
D:SMA(K,M2,1);
J:3*K-2*D;
```

下边的方框内，是公式的说明（动态翻译）。具体如下：

RSV赋值:(收盘价-N日内最低价的最低值)/(N日内最高价的最高值-N日内最低价的最低值)*100

输出K:RSV的M1日[1日权重]移动平均

输出D:K的M2日[1日权重]移动平均

输出J:3*K-2*D

## 二、公式源码的解释

在KDJ的公式中：

RSV——未成熟随机值；

CLOSE——收盘价，可简写为C；

LLV——求最低值；

LOW——最低价，可简写为L；

LLV(LOW,N)——N日的最低价中的最低值；

HHV——求最高值；

HIGH——最高价，可简写为H；

HHV(HIGH,N)——N日的最高价中的最高值；

K——K值；

SMA——计算方法，求移动平均值；

SMA(RSV,M1,1)——RSV的M1日移动平均值，权重1；

D——D值；

SMA(K,M2,1) ——K的M2日移动平均值，权重1；

J——J值。

要计算一条K线的KDJ指标，先要计算这条K线的RSV值，即未成熟随机值，需要用到包括这条K线和之前的K线共N条K线的C、L、H数值；然后再计算出这条K线的K值、D值、J值。其计算公式为：

RSV =(收盘价 − N日内最低价) /(N日内最高价 − N日内最低价)×100

K = RSV 的 M1 日移动平均值

D = K的M2 日的移动平均值

J = 3K − 2D

我们再来看看KDJ是如何来的。

（1）KDJ的显示有三条线：K线、D线、J线；

（2）K线来自RSV；D线来自K线；J线来自K和D；

（3）RSV来自收盘价C、最低价L和最高价H（当日和之前共N条K线）。

在参数设置为默认值时，也就是缺省状态下的：9，3，3。

RSV =（收盘价−9日内的最低价）/（9日内的最高价−9日内的最低价）×100；

K = RSV 的三天移动平均值；

D = K的三天的移动平均值；

J = 3K − 2D。

这就是我们经常看到的默认缺省状态下的KDJ指标，如图1−1中的副图部分所显示的。

**备注：**短期平均值、长期平均值

短期平均值来自一段较短的时间范围，长期平均值来自一段较长的时间范围。以KDJ默认状态日线为例：RSV来自9条日线的数值，所以，它的时间段是9日；K是3条日线的RSV的平均值，与它有关的日线数 = 3 +（9 −1）= 11条日线，所以，它的时间段是11日；D是三条日线的K值的平均值，与它有关的日线数 = 3 +（11 −1）= 13条日线，所以，它的时间段是13日；J是K、D的加减法结果，不增加相关日线数，所以，它的时间段是13日。相互比较来说：

（1）如果RSV是短期值，那么，K是中期值，D、J是长期值；

（2）如果K是短期值，那么，D、J是长期值。

**本节提示：**

一个技术指标，就是由一个公式计算来的。

**本节问题：**

指标可以修改吗？或者变得更加明显一些？

## 第二节　指标的修改和更明显化

我们来看看指标的作用，以KDJ为例，一般来说：

（1）D>80，市场超买；D<20，市场超卖；当 D 值跌至 10−15 时是最佳的买入时机，若高至85−90时则是卖出时机；

（2）KD金叉：K上穿D，为买进信号；

（3）KD死叉：K下破D，为卖出信号；

（4）金叉、死叉，在50附近时，参考价值低。

当K值（短期平均值）大于D值（长期平均值）时表明目前市场处于强势状态，因此，在图形上K线向上突破D线时即为买进信号。当D值大于K值时表明目前的趋势是向下跌落，因此，在图形上 K 线向下穿破 D 线为卖出信号。

还有很多类似的原则、解释。虽然不难，但都要背诵下来并牢记，再对照坐标轴查看。

**问题：能让它们变得更直观、更明显吗？**

能！我们把KDJ的公式修改一下，让它变得更直观、更明显。

## 一、去掉J线，让图形更简单

以公式“KDJ”为基础，进行修改：

**打开指标公式编辑器：**将鼠标放在副图KDJ的某个数字上，右击，出现画面（图1-2），点击“修改当前指标公式”，出现“指标公式编辑器”，（图1-3）。

在指标公式编辑器中，做如下修改：

公式名称：**KDJ2条线；**

公式描述：KDJ只有KD2条线；

RSV:=(CLOSE-LLV(LOW,N))/(HHV(HIGH,N)-LLV(LOW,N))*100;

K:SMA(RSV,M1,1);

D:SMA(K,M2,1);

J:=3*K-2*D;

仅仅就是修改了第4行：J:=3*K-2*D；就是在“J:”之后加个“=”。

点击“另存为”（**注意：一定要“另存为”。否则，原来的公式就没有了**）。

**注意：**“:”是赋值并输出，简称输出；“:=”是赋值，没有输出。

图1-4　KDJ2条线公式

这样，一个名为“KDJ2条线”的公式就建立好了（图1–4）。它的位置：公式（Ctrl + F）\公式管理器\用户\技术指标公式\超买超卖型\ KDJ2条线（图1–5）。

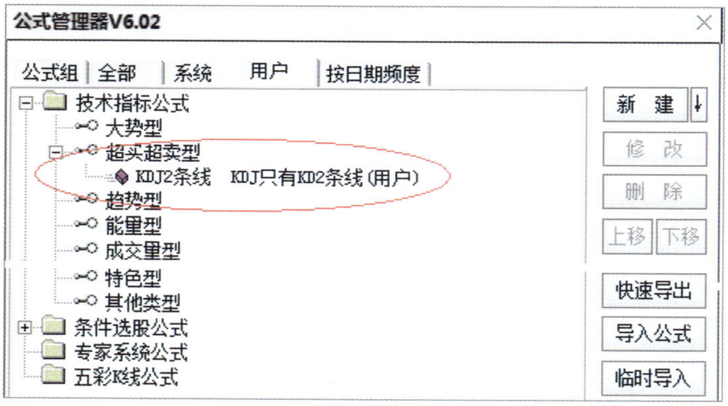


图1-5　KDJ2条线位置

把公式“KDJ2条线”引入副图中，就可以看到这样的修改会产生的结果。

方法：先在副图的空白处单击（含义：选择这块副图区域）；再输入“KD”，用鼠标选中“KDJ2条线 KDJ只有KD2条线”，如图1–6所示。

图1-6　KDJ 2 条线引入

这里的关键就在于修改了公式的第4行，把“:”改成了“:=”。在公式中“:”的含义是输出，也就是赋值并显示；“:=”的含义是赋值，但不输出、不显示。所以，在这里J线就被隐藏掉了，如图1–7所示。

2条线的KDJ在功能上丝毫没有减少，一样能显示金叉、死叉、超买超卖；减少了无用的内容，毕竟，看两条线比看三条线要简单得多。

图1-7　KDJ 2 条线显示

如果，有认可J线能使显示更加灵敏的观点，我们可以分析一下J线的含义。

J：3*K－2*D；

左右各“－D”，即：J－D：3*K－2*D－D；

即：(J－D)：3*(K－D)；

也就是J线把K、D线的差距，扩大到三倍，仅仅是一种算数的游戏。所以，看起来就灵敏、明显了。但在实质上却没有丝毫的增强。

如果要说灵敏，可以给KDJ加一条比J线还要灵敏的线——G线。

## 二、更加灵敏的G线

我们以公式“KDJ2条线”为基础，给它加上第5行：G：6 *K － 5 *D；实际上就是：（G － D）：6 *( K － D)，把K、D之间的差距扩大到6倍，做成公式：KDJ6倍。

公式名称：**KDJ6倍**

公式描述：KDJ 6倍G线

坐标线位置：−30；20；0；50；80；150

```
RSV:=(CLOSE-LLV(LOW,N))/(HHV(HIGH,N)-LLV(LOW,N))*100;
K:SMA(RSV,M1,1);
D:SMA(K,M2,1);
J:=3*K-2*D;
G:6*K-5*D;
```

单击“另存为”（注意：一定要“另存为”。否则，原来的公式就没有了）。

这个名为“KDJ6倍”的公式就建立好了，如图1−8所示。

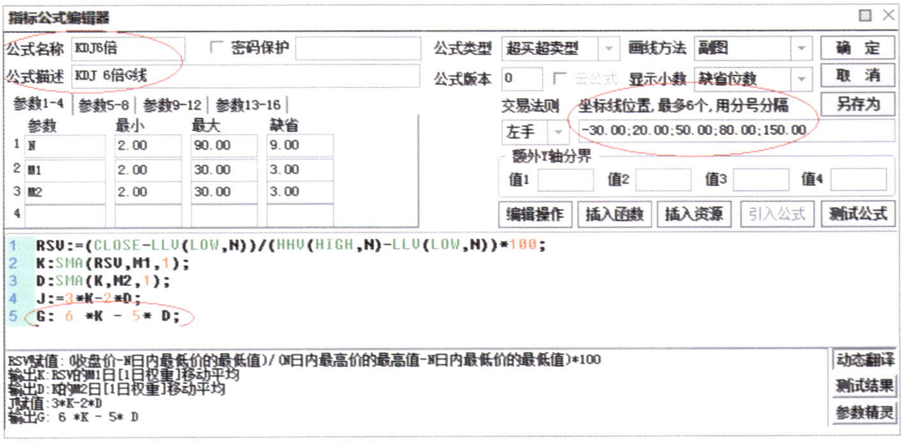


图1-8　KDJ 6 倍公式

它的位置：公式（Ctrl + F）\公式管理器\用户\技术指标公式\超买超卖型\KDJ6倍。

再将“KDJ6倍”引入副图中显示（方法：单击附图空白处，输入“KDJ6B”），如图1-9所示。

图1-9　KDJ 6 倍显示

可以看到，在“KDJ6倍”中，G线更灵敏、幅度更大；右边的标尺从原来的“0–100”，变成了“–30–150”。但这并没有带来任何实质性的改变或增强。这个演示的目的在于，可以用加倍的方法，使得指标看起来更加显著。

KDJ在使用中主要指示以下内容：金叉、死叉、超买、超卖、钝化。需要看K、D这两条线是否交叉和两条线所处位置的数值。是否有更加直观的显示方法？

有。既然我们有了股票公式，就应该能把事情做得又简单、又直观、又迅速。我们接着来变换公式。公式就是这样，越变换越好玩，还有用。

## 三、上下对称化的KDJ

超买超卖是一件对称的事。用50表示中间位置，用低于20表示超卖，高于80表示超买，不能称为对称的表示方法。我们把它改一改，用0表示中间位置，用低于–30表示超卖，用高于30表示超买，–30到30的中间区域为多空基本平衡区域。这样的显示，完全是对称的，简单、直观。

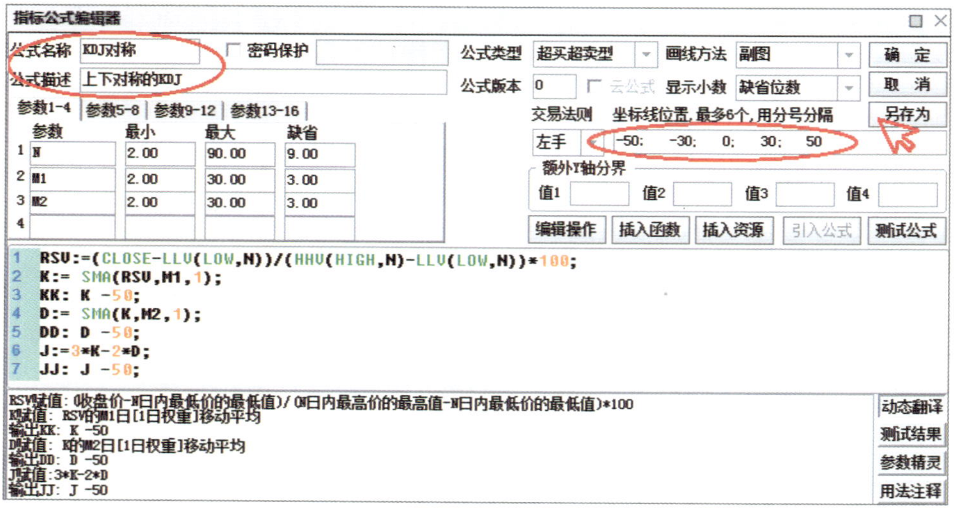


图1-10　KDJ对称公式

以“KDJ2条线”为基础，进行修改：

公式名称：**KDJ对称**

公式描述：上下对称的KDJ

坐标线位置：-50；-30； 0； 30；50

RSV:=(CLOSE-LLV(LOW,N))/(HHV(HIGH,N)-LLV(LOW,N))*100;

K:= SMA(RSV,M1,1);

KK: K -50;

D:= SMA(K,M2,1);

DD: D -50;

J:=3*K-2*D;

JJ: J -50;

单击“另存为”（养成“另存为”的好习惯，是有好处的），如图1-10所示。

将公式“KDJ对称”引入副图（方法：单击附图空白处，输入“KDJDC”，按回车键）。可以看到对称化的KDJ指标显示，如图1-11所示。

图1-11　KDJ对称显示

显示标尺对称，超买30，超卖-30，中间位0，符合相对应的感性认识习惯。我们把公式继续改，让它直接标记出金叉、死叉。

## 四、直接标记出金叉、死叉的KDJ

计算机程序已经迅速准确地计算出金叉、死叉的K线位置，就应该让它直接标记出来，没必要让人费力气去看是交叉还是没交叉？

以“KDJ对称”为基础，继续改（采用KD2条线）。

公式名称：**KDJ金叉**

公式描述：标出金叉的KDJ

```
RSV:=(CLOSE-LLV(LOW,N))/(HHV(HIGH,N)-LLV(LOW,N))*100;
K:= SMA(RSV,M1,1);
KK: K -50;
D:= SMA(K,M2,1);
DD: D -50;
J:=3*K-2*D;
JINCHA:= CROSS(K, D);
JINCHAIC: DRAWICON(JINCHA, -20, 1);
SICHA:= CROSS(D, K);
SICHAIC: DRAWICON(SICHA, 20, 2);
```

单击“另存为”保存好。再把公式“KDJ金叉”引入副图，如图1-12所示。

图1-12　标出金叉的KDJ

公式中的第7–10句，你可能没看懂是什么。这正是我们要学习的地方。

在“指标公式编辑器”中，当鼠标放在“CROSS”上时，就会出现一个解释方框，显示“CROSS”语句的解释，如图1–13所示。

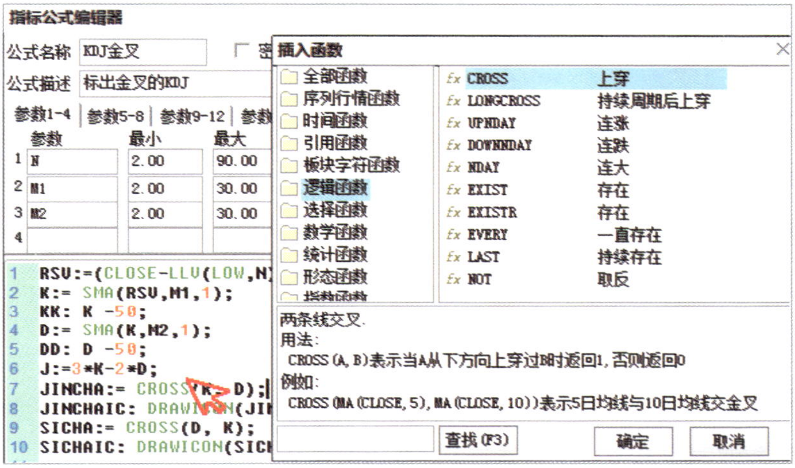


图1-13　CROSS 函数

两条线交叉。

用法：CROSS(A,B)表示当A从下方向上穿过B时返回1，否则返回0。

例如：CROSS(MA(CLOSE,5),MA(CLOSE,10))表示5日均线与10日均线交金叉。

同样，鼠标放在“DRAWICON”上，也会出现一个解释方框，说明对“DRAWICON”语句的解释，如图1–14所示。

绘制小图标。

用法：DRAWICON(COND,PRICE,TYPE)，当COND条件满足时，在PRICE位置画TYPE号图标（TYPE为1–41）。

例如：DRAWICON(CLOSE>OPEN,LOW,1)表示当收阳时在最低价位置画1号图标。

**动态翻译：**

还有，在“指标公式编辑器”最下面的方框中，有对各个语句的“动态翻译”，也可以帮助我们理解公式中的各个语句。这个公式的动态翻译是：

RSV赋值：(收盘价−N日内最低价的最低值)/(N日内最高价的最高值−N日内最低价的最低值)*100

K赋值：RSV的M1日[1日权重]移动平均。

输出KK：K −50

D赋值：K的M2日[1日权重]移动平均。

输出DD：D −50

J赋值：3*K−2*D

JINCHA赋值：K上穿D。

输出JINCHAIC：当满足条件JINCHA时，在−20位置画1号图标。

SICHA赋值：D上穿K。

输出SICHAIC：当满足条件SICHA时，在20位置画2号图标。

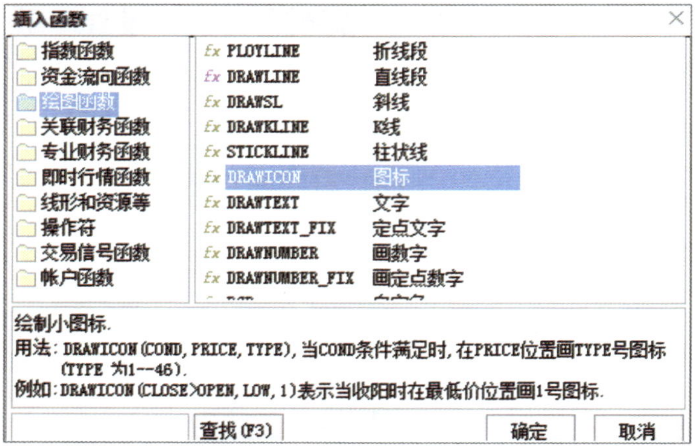


图1-14　DRAWICON函数

我们来解释一下这几个语句：第7句“JINCHA:= CROSS(K, D);”

JINCHA——变量的名称，也是线、指标的名称，用金叉的拼音；

:——输出，也就是等于并输出的意思；

:=——赋值，也就是等于但不输出的意思，这个变量不显示，仅作为中间计算用；

CROSS——公式函数，属于“逻辑函数”中的一个，表示“上穿”；

CROSS(K，D)——K线刚刚从下上穿D线。如果刚刚上穿，为“真”，值为1；如果还没有上穿，或是以前上穿的，值为0。

参见图1-13（路径：指标公式编辑器 — 插入函数 — 逻辑函数 — CROSS）。

我们再来解释第8句“JINCHAIC：DRAWICON(JINCHA，-20，1);”

JINCHAIC——语句或变量的名称。金叉图标（IC：icon，图标）；

:——输出，也就是等于并显示的意思，表示要显示出来；

DRAWICON——“绘图函数”，表示绘制图标；

DRAWICON(JINCHA，-20，1)——如果JINCHA 为真（=1），在 -20的位置画1号图标。

参见图1-14（路径：指标编辑器 — 插入函数 — 绘图函数 — DRAWICON）。

公式函数约有19类，各有很多条函数。如图1-13、图1-14中所显示的：“全部函数、序列行情函数、时间函数、引用函数、绘图函数、关联财务函数、操作符……”。我们以后将学习这些函数。实际上，只要对这些函数有个大致的印象，就可以利用“指标公式编辑器 — 插入函数”，了解它们的含义和使用方法，顺利地运用这些函数来编写股票公式了，并没有什么障碍。

当然，如果能熟记这些函数，编写的速度会提高许多，并且还会融会贯通。

## 五、直接把买进、卖出的信号位置也标记出来

在KDJ的应用说明中：K在20左右向上交叉D时，为买入信号；K在80左右向

下交叉D时，为卖出信号。经过我们用公式“KDJ对称”进行修改后，相对应的数值为KK −30和KK 30。

按照这样的原则，我们把K<24的向上交叉，标记为“买入”信号；把K>76的向下交叉，标记为“卖出”信号；K在24−76之间的交叉信号，只标记向上、向下的箭头，不标记买入、卖出。如果采用对称的方案，相应的是：KK<−26时的向上交叉，标记为“买入”信号；KK>+26时的向下交叉，标记为“卖出”信号；KK在−26−+26之间的交叉信号，只标记向上、向下的箭头，不标记买入、卖出。这两种方法在原理上和应用上是一样的，只是对称的方法更直观一些。

以“KDJ金叉”为基础，继续改。

公式名称：**KDJ信号**

公式描述：标出买入卖出信号的KDJ

```
RSV:=(CLOSE−LLV(LOW,N))/(HHV(HIGH,N)−LLV(LOW,N))*100;
K:= SMA(RSV,M1,1);
KK: K −50;
D:= SMA(K,M2,1);
DD: D −50;
J:=3*K−2*D;
JINCHA:= CROSS(K, D);
JINCHAIC: DRAWICON(JINCHA, −20, 1);
SICHA:= CROSS(D, K);
SICHAIC: DRAWICON(SICHA, 26, 2);
MAIRU:= KK < −26 AND JINCHA;
买入: DRAWTEXT(MAIRU, −15, ‘买入’), COLORRED;
MAICHU:= KK >26 AND SICHA;
卖出: DRAWTEXT(MAICHU, 12, ‘卖出’), COLORGREEN;
```

单击“另存为”（养成“另存为”的好习惯，是有好处的）。

将“KDJ信号”引入副图（单击附图空白处，输入“KDJXH”），如图1-15所示。

图1-15　KDJ信号

从图中可以看到，对称显示30以上为超买，−30以下为超卖；K线向下穿D线处，用绿下箭头标记为死叉，K线向上穿D线处，用红上箭头标记为金叉；在超买区附近的死叉，标记“卖出”信号；在超卖区附近的金叉，标记为“买入”信号。

在公式“KDJ信号”中，出现中文。这里我们来谈一下股票公式的编写规则。

**股票公式的编写规则**（简要）：

（1）除语句名称或说明内容以外，所有的字符都要在英文状态下输入；

（2）说明部分必须在‘ ’之中，例如：‘买入’；

（3）语句名称不能以数字开头；

（4）句子必须以英文状态的分号“;”结束。

股票公式的编写规则有很多条。这里只是简单地提一下，并说明最重要的四条，给大家留下一个印象，知道有规则；知道这四条，可以避免常见的一些错误。

我们再来看一看，新加上的语句是什么含义。

**MAIRU:= KK < –26 AND JINCHA;**

MAIRU——语句名，“买入”的拼音；

AND——“操作符函数”，含义“并且”；

KK < –26 AND JINCHA——KK < –26 并且 JINCHA。

整个语句的含义：MAIRU的值就是“KK < –26 并且 JINCHA”的逻辑值。如果“KK < –26 并且 JINCHA”成立（为真，=1），则MAIRU为真（=1）；如果“KK < –26 并且 JINCHA”不成立（为假，=0），则MAIRU为假（=0）。

**买入: DRAWTEXT(MAIRU, –15, ‘买入’), COLORRED;**

买入——语句名；

DRAWTEXT——绘图函数，写文字；

COLORRED——线形和资源等函数，颜色红色；

整个语句的含义：当MAIRU为真（=1）时，在–15的高度位置上，写“买入”，字体红色；如果MAIRU为假（=0），无操作。

（**注意：这个高度位置“–15”，是可以调节的。**如果在副图中，发现显示的位置高低不合适，可以改变这个数值，从而调节字符“买入”的高低显示位置。你可以试着改成“35”“–25”等，熟悉一下它的作用。）

这里我们以KK < –26为超卖标准、KK >26为超买标准，相当于K < 24和K >76。作为练习，可以把公式中的KK < –26 和KK >26直接换成K < 24和K >76，含义和显示结果一样。

作为练习，也可以把超买超卖的数值放宽一些或收窄一些，看看显示结果的变化。

如果我们再提高一些要求，把相应的K线数值也标出来，可以吗？

当然可以做到，继续改公式。

## 六、标上信号、数值的KDJ

KDJ的K线，75或80以上算超买，25或20以下算超卖。看到交叉后，还要左对右对地查看一下K的数值，多一个操作步骤。计算机程序给我们带来的好处很多，其中一条就是：自动、简单显示，不必左看右看，直观、准确。我们可以标记K的数值，也可以标记对称的KK数值，这里以KK数值为例。

以“KDJ信号”为基础，继续改。

公式名称：**KDJ数值**

公式描述：标出信号和数值的KDJ

```
RSV:=(CLOSE-LLV(LOW,N))/(HHV(HIGH,N)-LLV(LOW,N))*100;
K:= SMA(RSV,M1,1);
KK: K -50;
D:= SMA(K,M2,1);
DD: D -50;
J:=3*K-2*D;
JINCHA:= CROSS(K, D);
JINCHAIC: DRAWICON(JINCHA, -20, 1);
SICHA:= CROSS(D, K);
SICHAIC: DRAWICON(SICHA, 26, 2);
MAIRU:= KK < -26 AND JINCHA;
买入: DRAWTEXT(MAIRU, -15, ‘买入’), COLORRED;
MAICHU:= KK >26 AND SICHA;
卖出: DRAWTEXT(MAICHU, 12, ‘卖出’), COLORGREEN;
```

买入值：DRAWNUMBER( FILTER(MAIRU，5)，−5，ROUND(KK) )，COLORRED；

卖出值：DRAWNUMBER( FILTER(MAICHU，5)，8，ROUND(KK) )，COLORGREEN；

单击“另存为”。

将“KDJ数值”引入副图（方法：单击附图空白处，输入“KDJSZ”），可以看到信号买入、卖出处，标记出当时的KK数值，如图1-16所示。

图1-16　KDJ数值

我们接下来看看新加入句子的含义：

**卖出值：DRAWNUMBER( FILTER(MAICHU，5)，8，ROUND(KK) )，COLORRED;**

这句的简单形式是：**卖出值：DRAWNUMBER(MAICHU，8，KK)，COLORRED;**

卖出值——句子名；

DRAWNUMBER——绘图函数，如果符合条件，在指定的高度位置上写数字；

句子含义：如果MAICHU为真（=1），在8的高度位置上，写出KK的数值；如果MAICHU为假（=0），不操作。

**为什么要用“ROUND(KK)”？**因为计算机算数值是很卖力的，一堆小数，好几位。我们不要那么多，四舍五入取整数就行了。“ROUND”——数学函数，四舍五入取整数。“ROUND(KK)”——对“KK”进行四舍五入取整数。

**为什么要用“FILTER(MAICHU，5)”？**也是为了显示简单、清晰。“FILTER”——引用函数：过滤；“FILTER(MAICHU，5)”——如果“MAICHU”为真，过滤掉它后面五条线的“MAICHU”的值，不予理睬，都当作是0。这样就可以避免两个信号靠的较近时，连续显示的数字连在一起，干扰阅读。

到这里，我们提到的和用到的只有几个函数，就能够标记位置、给出信号、写上说明、标出数值。如果我们继续学习更多的、全部的函数，一定可以做更多的事情。

KDJ，还能变一变吗？能在快要出信号时，给点儿提示吗？

**可以，接着改公式！有公式，就可以实现。**

## 七、有红蓝提示线的KDJ

K线从低位向上穿D线之前，会有一个拐头向上的过程。也就是K线向D线靠近，K和D的差值（K–D）从负值逐渐增大，到变成正值的过程；同样，反过来也就是（D–K）从正值逐渐缩小，到变成负值的过程。

我们可以用向下的蓝色柱线，表示K线在D线之下；用向上的红色柱线表示K线在D线之上；并以线的长短，表示相差的幅度。也就是蓝色柱线缩短，K线就准备要上穿D线；同样，红色柱线缩短，K线就准备要下穿D线。

慢点，这听起来有点儿像MACD的意思。

对，没错。MACD可以用红柱线、蓝柱线，KDJ同样也能利用红柱线、蓝柱线。

以“KDJ信号”为基础，继续改。

公式名称：**KDJ红蓝柱**

公式描述：有红蓝柱线的KDJ信号

```
RSV:=(CLOSE-LLV(LOW,N))/(HHV(HIGH,N)-LLV(LOW,N))*100;
K:= SMA(RSV,M1,1);
KK: K -50;
D:= SMA(K,M2,1);
DD: D -50;
J:=3*K-2*D;
JINCHA:= CROSS(K, D);
JINCHAIC: DRAWICON(JINCHA, -20, 1);
SICHA:= CROSS(D, K);
SICHAIC: DRAWICON(SICHA, 26, 2);
MAIRU:= KK < -26 AND JINCHA;
买入: DRAWTEXT(MAIRU, -15, ‘买入’), COLORRED;
MAICHU:= KK >26 AND SICHA;
卖出: DRAWTEXT(MAICHU, 12, ‘卖出’), COLORGREEN;
ZHUXIAN: J -D, COLORSTICK;
GXRQ:= 2019/05/19; {更新日期：2019.05.19}
```

单击“另存为”。

将“KDJ红蓝柱”引入副图（单击副图空白处，输入“KDJHLZ”），如图1-17所示。

图1-17　KDJ红蓝柱

公式中增加的两句话的含义：

ZHUXIAN: J –D, COLORSTICK;

ZHUXIAN（柱线的拼音）输出为 J –D，用红蓝柱线表示，大于0时，用向上的红柱线，小于0 时，用向下的蓝柱线（提示：这里我们使用J–D，而不是K–D。实际上它们是相近的，就是(J–D)=(K–D)*3。使用K–D会使柱线较短，而J–D会使柱线长三倍，看起来容易一些）。

GXRQ:= 2019/05/19; {更新日期：2019.05.19}

“{ }”是“操作符”函数中的“注释符号”，它的含义是其中的内容仅仅是注释说明，不进行计算。这一句是更新日期：2019.05.19。说明这个公式是哪一天更新的，仅仅提示修改的时间。

**本节提示：**

（1）可以对指标实施改进，通过减少或增加语句，使得指标更加简洁、直观，可以增加图标标记，可以加上文字说明，可以显示数值数字；

（2）每一个语句，都可以通过“动态翻译”来了解其含义；

（3）公式中的每一个函数，都可以用鼠标停留的方法查看其含义、用法、说明。这样只要对函数有个大致的了解，就可以阅读、编辑公式；

（4）公式编辑有规则：要在英文输入状态下，除了句子名称、文字说明、注释；

（5）“:”与“:=”是两个不同的“操作符”函数。“:”是赋值并输出显示；“:=”表示赋值，但不输出、不显示。

**本节问题：**

（1）K线图也是公式吗？

（2）副图部分可以修改，主图部分也可以修改吗？

## 第三节　所有的显示都是公式

### 一、K线图也是公式

所有的显示都是通过公式计算来的，包括K线图、均价线、成交量、换手率。

我们来画个K线图。当然是用公式的方法。

“Ctrl + F”打开“公式管理器”：“用户 — 其他类型 — 新建”，如图1–18所示。

图1-18 公式管理器新建

公式名称：**K线图**

公式描述：画个K线图

公式类型：其他类型

画线方法：副图

交易法则：无

坐标线位置：自动

K线：DRAWKLINE(H，O，L，C)；

点击“测试公式”，会看到“测试通过！代码长度：31，输出线个数：1”。说明编写的公式符合规则，如图1-19所示。

单击“确定”（**注意：新建公式，“另存为”无意义，直接“确定”**）。

将公式“K线图”引入副图区（方法：单击附图空白处，输入“KXT”）。

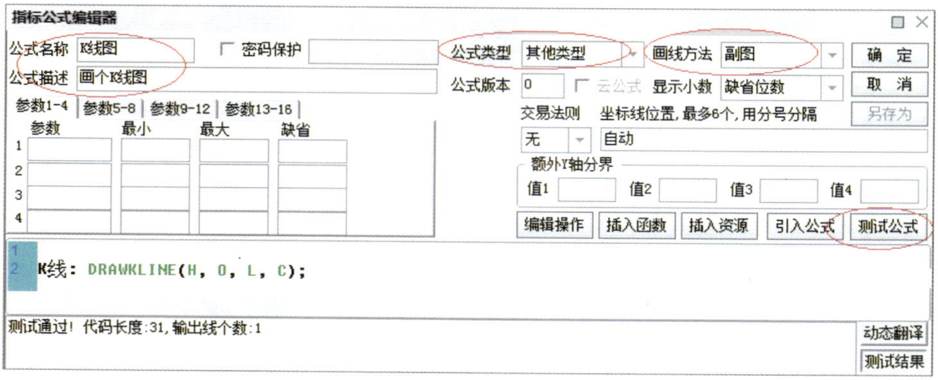


图1-19 K线图新建

在“K线图”副图区空白处双击，副图区变成一个整区域。副图成为与主图区一样的K线图，如图1-20所示。

图1-20 K线图

如何？强大的公式，画个K线图，只要一句话。

## 二、K线图均线

K线图有了，与主图相比，少了均线。

简单，加上去就行了。

以公式“K线图”为基础，进行修改（方法：右击附图“K线图”—修改当前公式—指标公式管理器）。

公式名称：**K线图均线**

公式描述：画个K线图加均线

C0：C，COLORGREEN；

MA5：MA(C，5)，COLORBLUE；

M10：MA(C，10)，COLORMAGENTA；

M20：MA(C，20)，COLORGRAY；

MA60：MA(C，60)，COLORBROWN；

K线：DRAWKLINE(H，O，L，C)；

点击“另存为”（**注意：“另存为”很有必要。否则原来的公式就没了**）。

将公式“K线图均线”引入副图区（方法：单击附图空白处，输入“KXTJX”）。副图成为与主图几乎一样的图，如图1-21所示。区别是：

（1）多了一条绿线C0（收盘价线），是由第一句生成的；

（2）K线遮盖在各条均线之上，而不是主图中的均线画在K线上面。这就是先后规则在起作用。

**“先后规则”：**

公式中的语句有先有后，排在前面的先执行，排在后面的后执行。

后面的画线，就会画在前面的线之上，在交叉重叠的部分，只能看到后面的画线。在上面的公式中，我们把“K线：DRAWKLINE(H，O，L，C)；”这一句排在最后，所以，有交叉重叠时，K线会在上面优先显示。如果把这一句放在第一句，情况就会反过来，生成的图与主图一样，均线压在K线之上，均线优先显示。

图1-21　K线图均线

## 三、主图的修改

主图上的指标一样可以修改或者新建。与副图中的公式的区别在于：“画线方法”设为“主图叠加”，也就是说，这个公式或指标是为主图准备的，叠加在K线图上。

**例子：在主图上加条线（收盘价C0线）**

右击主图指标的数字处——修改当前指标公式，如图1-22所示。

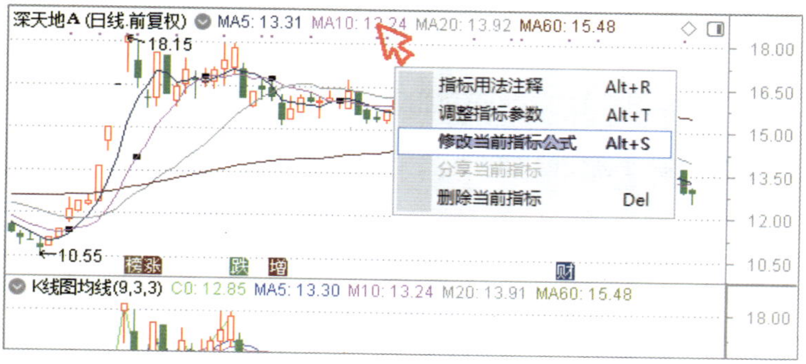


图1-22　主图指标修改

修改为：

公式名称：**MA收盘价**

公示描述：均线加收盘价线

画线方法：主图叠加

MA1:MA(CLOSE,M1);

MA2:MA(CLOSE,M2);

MA3:MA(CLOSE,M3);

MA4:MA(CLOSE,M4);

C0: C, COLORGREEN;

点击“另存为”，如图1-23所示。

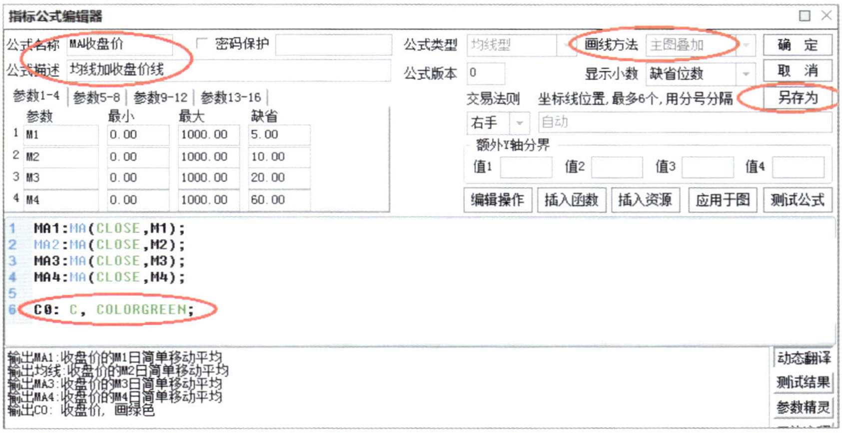


**图1-23　MA收盘价公式**

把公式“MA收盘价”引入主图。方法：单击主图空白区——输入“MASPJ”，如图1-24所示。

比较图1-24与图1-20，可以看到：

（1）主图指标中，“MA收盘价”替代了“MA”；

（2）主图中多了一条绿色线——收盘价C0线。

图1-24　MA收盘价显示

这样我们就修改了主图指标。虽然只是加了一条收盘价线，并没有实际作用。但这只是一个开始，告诉我们主图指标可以修改、也可以新建。以后我们学习更多的股票函数，就可以按照我们的需要来编写主图公式，建立所需要的主图指标。新公式“MA收盘价”是用原有公式“MA”改编和另存得来的，它在公式管理器中的位置分组与“MA”相同，在“均线型”中，如图1-25所示。

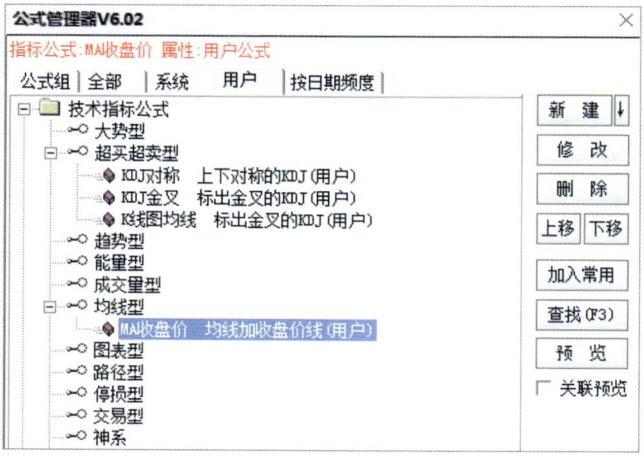


图1-25　MA收盘价位置

**本节提示：**

（1）股票的主图、副图都是由股票公式给出的；

（2）可以修改、新建股票公式，给出新的显示，包括标记、信号、数值、说明。

# 第四节　股票软件的系统设置

股票软件的设置项目很多，这里我们只说与股票公式密切相关的几个设置。

## 一、“系统设置”窗口

点击菜单“工具”——系统设置；或者“Ctrl +D”，如图1-26、图1-27所示。

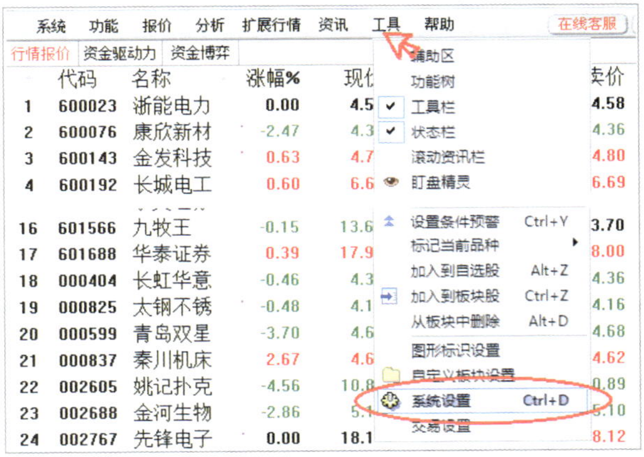

图1-26　进入系统设置

“外观”：系统的默认配色方案：红黑。也可以设置成其他的配色方案，如图1-27所示。

如果需要打印画面，可以采用“绿白”配色方案；不可以采用“红黑”的配色方案。因为“红黑”配色方案的画面以黑色为主，打印出来会一片漆黑，看不清内容。当然，如果能逐渐会使用“自定义”配色方案，会更方便一些。

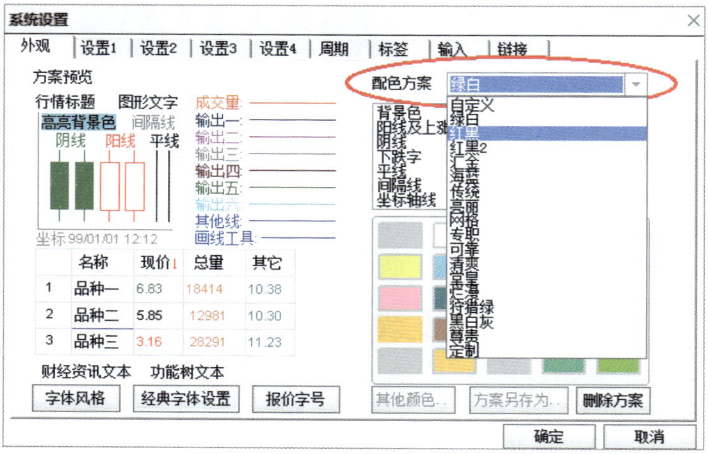


图1-27　系统设置

## 二、三个必要的设置

### 1.系统设置中的“设置2”

“初始分析数据个数”默认是：“420（中速网络）”。我们把它更改设置为：“700（快速网络）”。它的实际含义是：初始读入内存的K线数量。“420”指420条K线；“700”指700条K线，如图1–28所示。

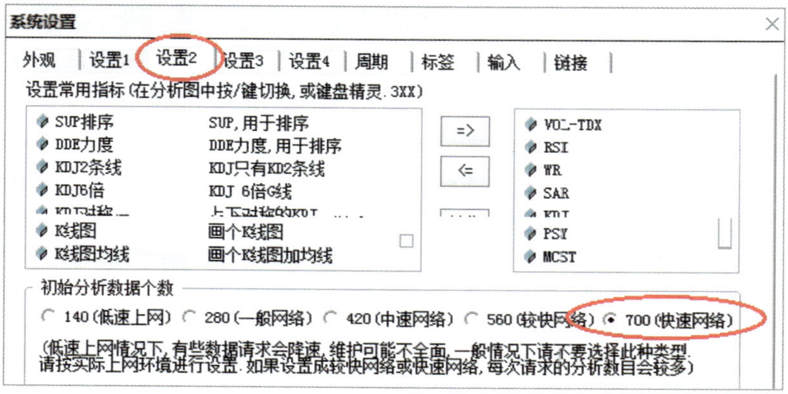


图1-28　系统设置中的设置2

## 2.系统设置中的“设置3”

“主图指标不影响坐标的高低值”默认为：“空、不勾选”。把它更改设置为：“是，勾选”。有时股价的大起大落会使得指标的数值较远地脱离股价，会把K线图挤在主图的上边或下边。重新设置后，K线图就不会受到这种影响了，如图1–29所示。

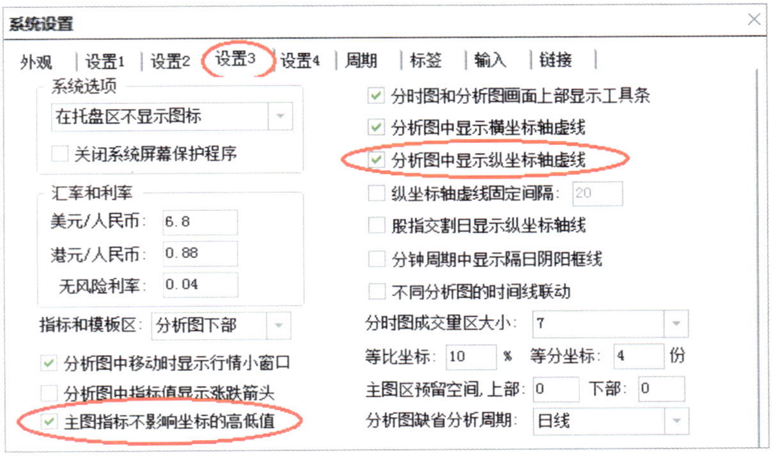


图1-29　系统设置中的设置3

“分析图中显示纵坐标轴虚线”默认为：“空、不勾选”。我们把它更改设置为：“是，勾选”。会按照月份或某时间间隔，给主图上加上几条竖的虚线，便于上下对应时间，如图1–29所示。

## 3.公式行号显示设置

“Ctrl+F”打开“公式管理器”—“界面设置”—勾选“使用行号提示”，如图1–30所示。

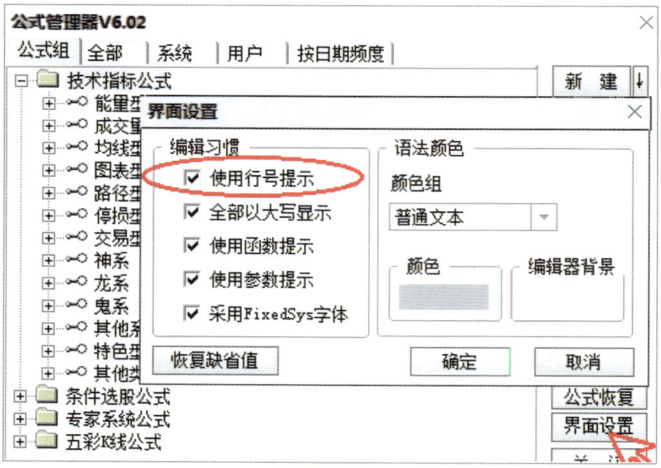


图1-30　行号显示设置

公式管理器的默认设置是不显示行号，所以在查看、编辑公式时，没有行号显示。经过显示行号设置后，再打开“指标公式编辑器”时就显示行号了。如图1-23中显示的行号。

这三项设置对股票公式的编辑、应用很有帮助。其他的设置内容，可以逐步了解，尝试设置。

# 第二章

# 选股和股票公式

2019年，沪深两市的A股上市公司已经超过了3 600家。如果要根据股票的走势情况来选出符合某种特征走势的股票，必然要查看和分析K线图。假设，某人能够1秒钟看1个K线图，连续不停，1小时3 600秒，正好看完全部公司的K线图（1幅/公司）。显然，没有这样的能人。

如果某人10秒钟看1幅K线图，连续不停顿；看完全部公司的K线图，并确定有特别点（信号点），或者没有特别点，需要10小时完成。显然，这也坚持不下去。所以，在实际中，人们都是抛弃大部分个股不看，只看一少部分个股。

有没有一种方法？能提高查看、分析股票K线图走势的速度，让愿意查看、分析、判断股票K线走势特征的人们能够多分析一些公司、多得到一些收获呢？

有，不但速度快，而且准确，符合选定的标准。在几分钟内筛选3 600多只股票，甚至更多的股票，选出符合信号特征标准的股票，并整齐地排列出来。

这就是选股公式自动选股。

# 第一节　选股公式的类型

## 一、选股公式的位置

每个股票软件都带有一些选股公式，就在“公式管理器——条件选股公式”中。“Ctrl+F”打开“公式管理器”，如图2-1所示。

**五个选项卡**（“公式管理器”的菜单）：

**1.公式组**

“公式管理器”窗口中的第二行，有五个选项卡。第一个是“公式组”。它把全部公式分成四个组：技术指标公式、条件选股公式、专家系统公式、五彩K线公式。

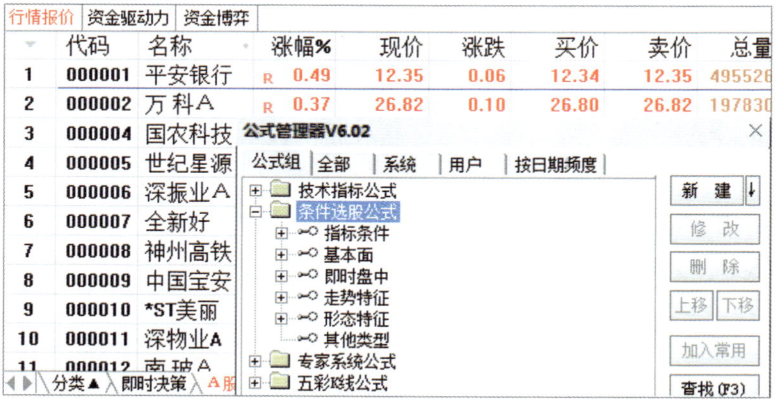


图2-1　条件选股公式

**2.全部**

点击“全部”，就会列出全部公式。

### 3.系统

点击“系统”，就会列出系统本身自带的公式。

### 4.用户

点击“用户”，就会列出我们自己编写、导入、另存为的公式。如果已经认真看完了第一章的内容，这时的“用户”公式内容如图2-2所示。

### 5.按日期频度

点击“按日期频度”，就会按照修改、导入的时间先后排列公式。

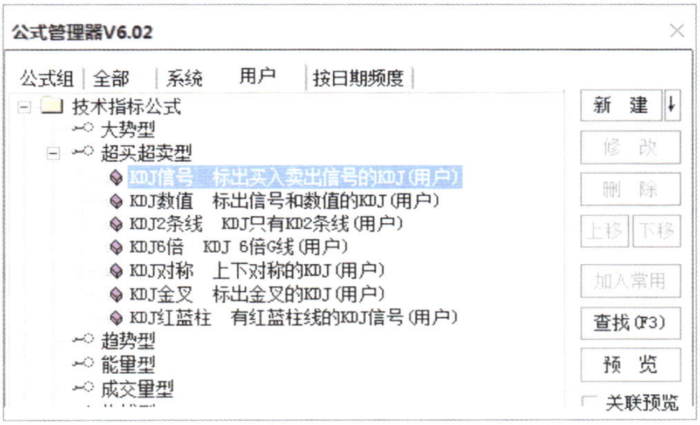


图2-2　用户公式

## 二、选股公式的类型

软件将“条件选股公式”分成六个类型。把它们一一点开，就可以看到其中包含的各种各样的选股公式，如图2-3所示。当然，目前还只有软件系统内自带的五种类型的选股公式和一个“其他类型”的空文件夹。如果我们以后编写、修改、另存为或者导入新的选股公式，点击“用户”，就可以看到那些新公式。

**六个选股公式类型**（图2-3）：

（1）指标条件：例如，KD买入、BOLL买入、BOLL卖出、MA买入、KD卖出；

（2）基本面：例如，营业利润率选股、市净率选股、巴菲特选股；

（3）盘中即时：例如，低开高走翻红、盘中活跃低价股；

（4）走势特征：例如，连跌数天、N日内创新高、单日放量、阶段放量；

（5）形态特征：例如，早晨之星、出水芙蓉、蜻蜓点水、强势整理；

（6）其他类型：暂时为空。

系统中没有“其他类型”的自带公式。我们可以自己编写公式，放入这个类型中。当然，也可以把自己编写、改编、导入的公式列入前面的五种类型中。这六种类型的公式，仅仅是分类，在使用方法上没有区别。

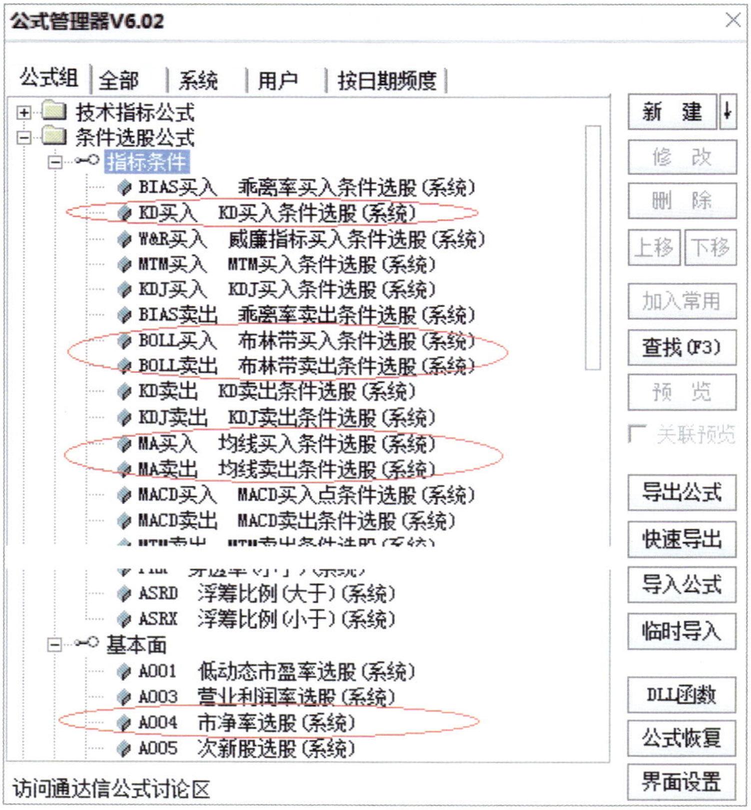


图2-3 选股公式类型

# 第二节　选股公式的分析和解释

条件选股公式有一个特点：有一个输出，只有一个输出，并且是逻辑判断句。与之不同的是，技术指标公式可以有很多个输出（一般以100个为限制）。

例如：KDJ指标公式，有三个输出，分别是：K，D，J。

VOL-TDX有四个输出：VVOL，VOUME，MA5，MA10。

第一章中，我们自编的公式“KDJ数值”有八个输出：KK，DD，JINCHAIC，SICHAIC，买入，卖出，买入值，卖出值。

## 一、输出语句、中间语句

一个股票公式由多个语句组成。简单的公式，可以只有一个语句，或者少数几个语句。复杂的公式，包含的语句会很多。语句要符合语句格式（句子格式）。

**语句格式**（句子格式）：

**“名称”+“输出、赋值操作符”+“内容”+“；”**

例如，KDJ中的第四句：J: 3*K – 2*D;

J——名称；

:——输出操作符，表示计算结果，并输出显示出来；

3*K – 2*D——语句内容；

;——语句结束符号。

虽然，允许某些输出语句没有“名称”，但是我们还是应该尽量给语句一个名称。这能给理解和引用带来方便。

一个语句，就是一个计算结果。有时这个结果需要输出、显示出来，操作符就使用输出操作符“:”，是输出语句。有时这个结果只是一个中间的计算步骤，不要输出显示，就使用赋值操作符“:=”，是中间语句。输出语句和中间语句的计算结果，都可以被后面的语句引用（用名称来引用）。

**输出语句**，使用输出符“:”，计算结果，并输出、显示；

**中间语句**，使用赋值符“:=”，同样计算结果，但不输出、不显示。

例如，KDJ公式的第一句，就是一个中间语句，使用赋值操作符“:=”，RSV的计算结果不输出、不显示。这一句的计算结果，在第二句中被引用来计算K值。

## 二、选股公式的分析和解释

依照六种类型，我们来举例分析和解释条件选股公式。

### 1.指标条件类型的条件选股公式

这些是根据“技术指标公式”中的技术指标的原理编写的条件选股公式。对技术指标公式进行改编，就可以写成条件选股公式。当然，其选股的原理和条件，都源于所依据的技术指标公式。

例如：**KD买入**（公式管理器—条件选股公式—指标条件—KD买入，修改）：

```
RSV:=(C -LLV(L, N))/(HHV(H, N)-LLV(L, N)) *100;
K:= SMA(RSV, M1, 1);
D:= SMA(K, M2, 1);
KD: CROSS(K, D) AND K<20;
```

（**注意：**“&&”就是“AND”，区别是AND 前后要有空格，与其他词隔开）。

“KD买入”公式来源于“技术指标公式：KDJ”（也有认为是来自公式“KD”。其实是一样的，它们的K线、D线是相同的）。

我们来看看KDJ公式的“指标用法注释”。方法：右击副图KDJ指标中的指标数字——指标用法注释。即可看到KDJ指标的用法说明，如图2-4、图2-5所示。

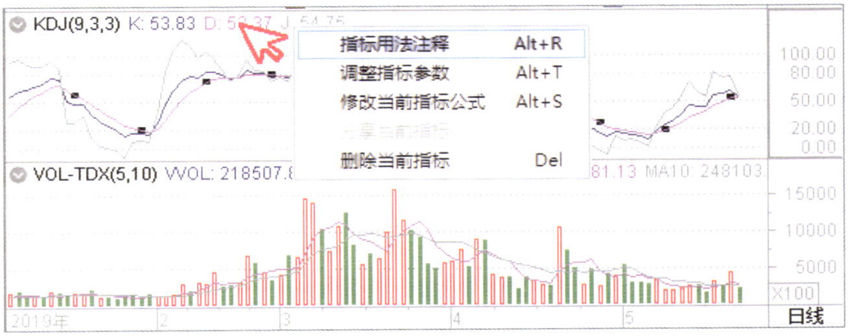


图2-4　KDJ用法注释

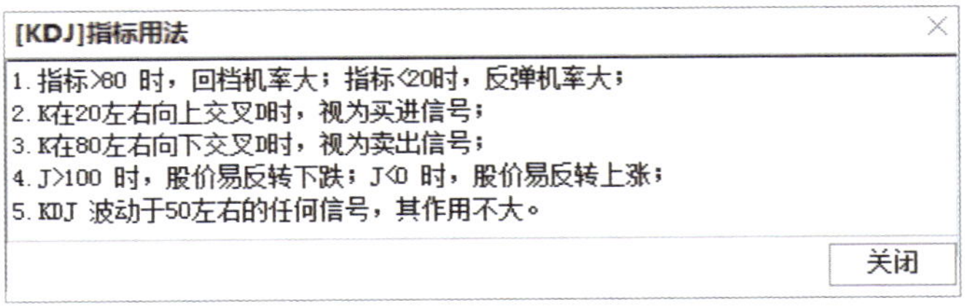


图2-5　KDJ用法注释说明

其中的第二条：“K在20左右向上交叉D时，视为买进信号”。就是公式“KD买入”的依据。其中的第三条：“K在80左右向下交叉D时，视为卖出信号”。就是公式“KD卖出”的依据。

在“KD买入”公式中，1-3句都是中间语句，使用赋值操作符“:=”。只有第四句是输出语句，使用输出操作符“:”。1-3句与公式“KDJ”的1-3句含义一样，区别是全都不输出、不显示。第四句的含义是：如果条件“K线刚刚从下上穿D线，并且K值<20”成立，选出这个股，列在选出股票名单中；如果条件不成立、为“假”，忽略这个股，不选它。

**注意：**句中的“20”是个经验数，注释中也说是“左右”，习惯设置为“20”。可以改动这个数值，把条件变得更高一些，或者变得更宽松一些。作为练习，可以改动它，看看结果变化。当然，练习时要改个名称，并另存为。

**2.基本面类型的条件选股公式**

股票基本面包括公司的经营状况、财务状况、未来发展前景、公司经营策略等。大多数内容可以转化为数字的形式。例如，经营状况、财务状况可以用每股收益、市盈率、市净率、负债率等表现；未来发展前景、公司经营策略可以用营业收入增长率、收益增长率、研发投入、募集资金等表现。数字化后，就可以通过计算机程序来迅速准确地挑选出全部符合数字标准的个股。

例如：**巴菲特选股**（公式管理器—条件选股公式—基本面—A008巴菲特选股，修改）

A1:=(FINANCE(20)-FINANCE(21) )/FINANCE(20)*100>N1;{销售毛利率}

A2:=FINANCE(30)/FINANCE(20)*100>N2;{净利率}

A3:=FINANCE(30)/FINANCE(19)*100>N3;{净资产收益率}

A1 AND A2 AND A3;

其中有3个参数N1、N2、N3，缺省默认值分别为 40、5、15。

公式的含义：（选用缺省值时）

要求A1:= 销售毛利率 >40%;

要求A2:= 净利率 >5%;

要求A3:= 净资产收益率 >15%;

总的选股要求：符合A1，并且符合A2，并且符合A3。

这个公式的特点：

（1）只有第四句是输出语句。这符合条件选股公式只能有一个输出语句的要求；

（2）句后加了注释，便于阅读理解。

（3）“FINANCE(20)、FINANCE(30)”等，是“关联财务函数”（查看方法：公式管理器—条件选股公式—基本面—A008 巴菲特选股，修改—插入函数—关联财务函数），如图2-6所示。

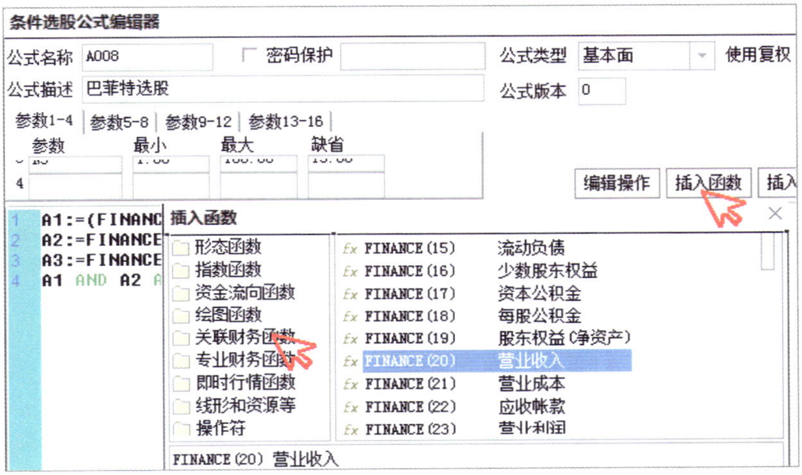


图2-6　关联财务函数

第四句没有名称，我们可以给它加一个，例如BFTXG（巴菲特选股），即：

BFTXG：A1 AND A2 AND A3;

### 3.即时盘中类型的条件选股公式

例如：**盘中活跃低价股**（公式管理器—条件选股公式—即时盘中—B005盘中活跃低价股，修改）

DYNAINFO(7)<价格 AND DYNAINFO(14)>(最低涨幅/100) AND DYNAINFO(14) <0.2 AND DYNAINFO(17)>量比 AND (SELLVOL/BUYVOL)<内外比;

公式含义：（按默认缺省值）现在价格 <3元，涨幅 > −1%，涨幅 < 0.2元，量比 >2，并且内外盘比 <0.5。把符合这样条件的股票全部挑选出来，列表显示。

这个公式的特点：

（1）参数的名称使用中文；

（2）“DYNAINF(7)、DYNAINFO(14)”等，是“即时行情函数”（查看方法：公式管理器—条件选股公式—基本面—B005盘中活跃低价股，修改—插入函数—即时行情函数）；

（3）这个公式只有一句，但太长了，在“条件选股公式编辑器”中的页面宽度显示不下，需要拉移动条来显示。

太长的语句不利于书写，也不利于理解。使用中间语句，可以把上面长的句子改写成几句短的句子，便于排列、便于理解。可改写为：

低价:= DYNAINFO(7) <价格;

下跌少:= DYNAINFO(14) >(最低涨幅/100);

涨价不大:= DYNAINFO(14) <0.2;

量比加倍:= DYNAINFO(17) >量比;

外盘多:= (SELLVOL/BUYVOL) <内外比;

总要求: 低价 AND 下跌少 AND 涨价不大 AND 量比加倍 AND 外盘多。

**4.走势特征类型的条件选股公式**

例如：下跌多日再放量上涨（公式管理器—条件选股公式—走势特征—C131下跌多日再放量上涨，修改）

A1:=REF(CLOSE,5)>REF(CLOSE,4);

A2:=REF(CLOSE,4)>REF(CLOSE,3);

A3:=REF(CLOSE,3)>REF(CLOSE,2);

A4:=REF(CLOSE,2)>REF(CLOSE,1);

A5:=CLOSE>REF(HIGH,1) AND V>REF(V,1);

RET:A1 AND A2 AND A3 AND A4 AND A5。

公式含义：到昨日，已经连续下跌四日，今日收盘价在昨日最高价之上，并且今日成交量大于昨日。把符合这样条件的股票全部挑选出来，列表显示。

这个公式的特点：

（1）没有参数；

（2）用直接的方式描述“到昨日，连续下跌4日”，用了四个句子。

这种直接的描述方式，不适合描述长时间段或者复杂一些的情况。如果是连续10日下跌，就得使用10个句子。当我们学习更多的函数后，就会采用适当的写法：

```
连跌4日:= DOWNNDAY(C, 4);
昨跌4日:= REF(连跌4日, 1);
A5:=CLOSE>REF(HIGH,1) AND V>REF(V,1);
RET: 昨跌4日 AND A5。
```

用这样的写法，即使是连跌10日，也只需要四句。

DOWNNDAY：连跌，属于逻辑函数。用法：DOWNNDAY(C，M)；收盘价连跌M个周期。

REF：向前引用若干周期前的数据(平滑处理)，属于引用函数。用法：REF(X，A) 引用A个周期前的X值，A可以是变量。

**5.形态特征类型的条件选股公式**

例如：**SWORD剑**（公式管理器—条件选股公式—走势特征—SWORD剑，修改）

```
AA:=VOL>REF(VOL,1) OR VOL>CAPITAL;
BB:=OPEN>=(REF(HIGH,1)) AND REF(HIGH,1)>(REF(HIGH,2)*1.06);
CC:=CLOSE>(REF(CLOSE,1)) -(REF(CLOSE,1)*0.01);
DD:=CLOSE<(HIGH*0.965) AND HIGH>(OPEN*1.05);
EE:=LOW<OPEN AND LOW<CLOSE AND HIGH>(REF(CLOSE,1)*
```

1.06);

FF:=(HIGH-(MAX(OPEN,CLOSE)))/2>(MIN(OPEN,CLOSE))-LOW;

GG:=(ABS(OPEN-CLOSE))/2<(MIN(OPEN,CLOSE)-LOW);

STAR: AA AND BB AND CC AND DD AND EE AND FF AND GG。

公式含义：

要求AA：成交量大于昨日，或者成交量 >流通股本（**注意：**这后半句要求在目前的A股T+1规则下，是不可能的。但在T+0的情况下是可能的。很多公式都源于国外，有其特征。还好前半句适合A股市场，并且用“或”）；

要求BB：开盘价 ≥昨日最高价，并且昨日最高价 >前日最高价 *106%；

要求CC：收盘价 >昨日收盘价 *99%；

要求DD：收盘价 <最高价 *96.5%， 并且最高价 >开盘价 *105%；

要求EE：要有下影线，并且最高价 >昨日收盘价 *106%；

要求FF：上影线 >下影线的两倍；

要求GG：K线实体 <下影线的两倍；

总要求：以上所有要求需全部满足。

细读并形象化，就会明白，这个公式描述的是今日、昨日、前日，共三条K线的形状和相互高低关系，就是K线图的形态特征。要求今日的K线有上、下影线，并且上影线长、实体中等、下影线较短，还涉及与前日最高价、昨日最高价和收盘价的高低关系。

**6.其他类型的条件选股公式**

软件系统中，“其他类型”是一个空文件夹，没有公式。其目的就是让我们自己编写公式。

我们来考虑一种走势形态：**大跌筑底回升。**

某股票在大约一年的时间内，基本上是下跌走势：

（1）1年（约245个交易日）的最高收盘价在半年以前（约125日），而最低收盘价在最近的2月内（40日），从最高收盘价到最低收盘价的跌幅＞50%；

（2）近来3个月内（60日）跌幅变窄，也就是有筑底形态，最高收盘价在最低收盘价之前，呈下跌形态，最高收盘价和最低收盘价之间的跌幅 <20%，跌幅收窄；

（3）近来1个月（22日），开始缓慢回升，形成一个大圆形底形态的雏形，最低收盘价在最高收盘价之前，股价呈上升形态，22日最高价相对于245日最低价的升幅在15%～25%，一个缓慢的圆形底的形态。

按照这样的走势形态，我们编写一个选股公式：大跌筑底回升。首先，我们要做一个模型示意图，大致描述价格的变化和时间之间的关系，如图2-7所示。然后再编写公式。

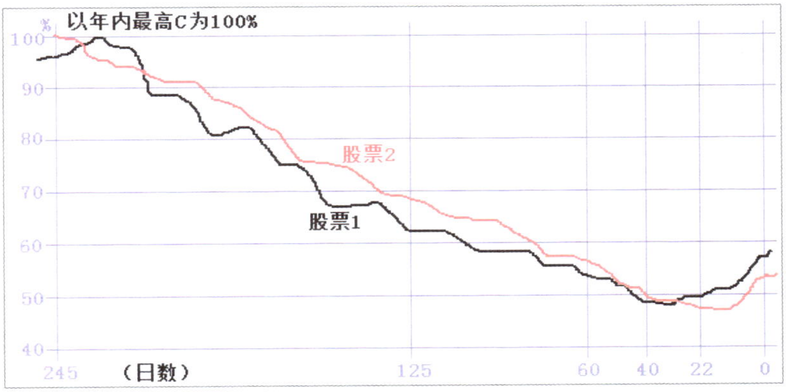


**图2-7　大跌筑底回升模型图**

“Ctrl+F”或“*f*(*x*)”—公式管理器—条件选股公式—其他类型—新建；

公式名称：**大跌筑底回升**

公式描述：1年来大跌50%圆形底回升

CH245:= HHV(C, 245);｛C的highest 245日：1年的最高C｝

CHBAR245:= HHVBARS(C, 245);｛CH245距离本日的K线数｝

CH245AGO:= CHBAR245 >125;｛CH245 at ago：CH245位置在半年之前｝

CL245:= LLV(C, 245); { C的lowest 245日：1年的最低C }

CLBAR245:= LLVBARS(C, 245); { CL245距离本日的K线数 }

CL245REC:= CLBAR245 <40; { CL245 recently：CL245位置在近来40日内 }

CLDNCH245:= (CH245 −CL245) /CH245 *100; { CL245相对CH245的下跌百分比 }

DOWN245BIG:= CH245AGO AND CL245REC AND CLDNCH245 >50; { 1年内是下跌走势，CH245在半年前，CL245在近来40日内，并且跌幅大：跌幅>50% }

CH60:= HHV(C, 60); { C的highest 60日：约3个月的最高C }

CHBAR60:= HHVBARS(C, 60); { CH60距离本日的K线数 }

CL60:= LLV(C, 60); { C的lowest 60日：约3个月的最低C }

CLBAR60:= LLVBARS(C, 60); { CL60距离本日的K线数 }

CLDNCH60:= (CH60 −CL60) /CH60 *100; { CL60相对CH60的下跌百分比 }

DOWN60LTL:= CHBAR60 >CLBAR60 AND CLDNCH60 <20; { 近来60日是下跌走势，CH60在CL60之前，并且60日内跌幅小：跌幅 <20% }

CH22:= HHV(C, 22); { C的highest 22日：约1个月的最高C }

CHBAR22:= HHVBARS(C, 22); { CH22距离本日的K线数 }

CL22:= LLV(C, 22); { C的lowest 22日：约1个月的最低C }

CLBAR22:= LLVBARS(C, 22); { CL22距离本日的K线数 }

CH22UPCL245:= (CH22 –CL245) /CL245 *100；｛CH22相对CL245的上涨百分比，也就是近来1个月的最高C相对于1年来的最低C的涨幅。｝

UP22MID:= CLBAR22 >CHBAR22 AND CH22UPCL245 >15 AND CH22UPCL245 <25；｛近来22日是上升走势，CL22在前，并且CH22对1年来的低点的涨幅中等：也就是介于15%～25%。｝

VOL5:= MA(V , 5)；｛5日均量｝

VOL10:= MA(V，10)；｛10日均量｝

FANGLIANG:= VOL5 >VOL10；｛放量：5日均量 >10日均量｝

XG：DOWN245BIG AND DOWN60LTL AND UP22MID AND FANGLIANG；｛选股：1年内跌幅大，并且近来60日内跌幅小，近来22日涨幅中等，　并且放量。｝如图2–8所示。

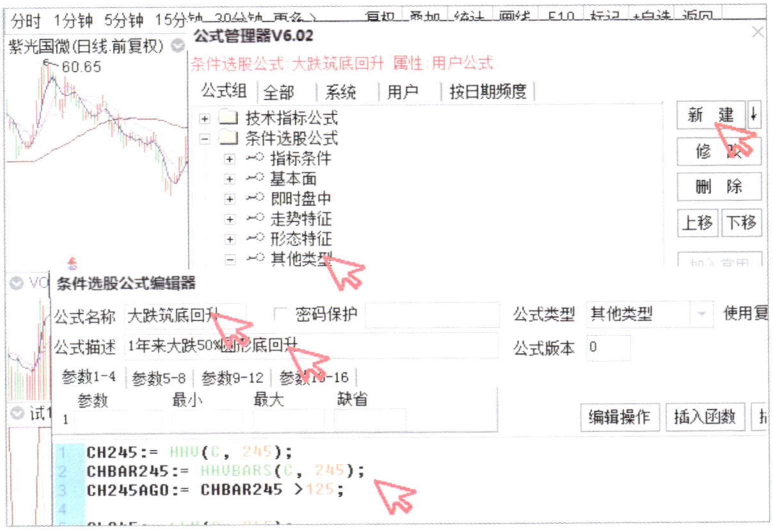


图2-8　大跌筑底回升

**备注：**上面公式中，在{}中的部分，是对语句的解释，仅仅做说明用。不被计算处理，也不影响计算。去掉这些说明部分，纯的公式如下：

**公式名称：大跌筑底回升**

公式描述：1年来大跌50%圆形底回升

```
CH245:= HHV(C, 245);
CHBAR245:= HHVBARS(C, 245);
CH245AGO:= CHBAR245 >125;
CL245:= LLV(C, 245);
CLBAR245:= LLVBARS(C, 245);
CL245REC:= CLBAR245 <40;

CLDNCH245:= (CH245 -CL245) /CH245 *100;
DOWN245BIG:= CH245AGO AND CL245REC AND CLDNCH245 >50;

CH60:= HHV(C, 60);
CHBAR60:= HHVBARS(C, 60);
CL60:= LLV(C, 60);
CLBAR60:= LLVBARS(C, 60);
CLDNCH60:= (CH60 -CL60) /CH60 *100;
DOWN60LTL:= CHBAR60 >CLBAR60 AND CLDNCH60 <20;

CH22:= HHV(C, 22);
CHBAR22:= HHVBARS(C, 22);
CL22:= LLV(C, 22);
CLBAR22:= LLVBARS(C, 22);
```

```
CH22UPCL245:=(CH22-CL245)/CL245*100;
UP22MID:= CLBAR22 >CHBAR22 AND CH22UPCL245 >15 AND CH22UPCL245 <25;

VOL5:= MA(V, 5);
VOL10:= MA(V, 10);
FANGLIANG:= VOL5 >VOL10;

XG: DOWN245BIG AND DOWN60LTL AND UP22MID AND FANGLIANG;
```

**注意：**公式中的数值：245、125、60、40、22、50%、20%、15%、25%等，都是可以调整的。例如，公式中把大跌设置为跌幅>50%，这是个经验假设值。我们可以根据股市的大致状态和设想的要求来调整这些数据。但要注意数据之间的逻辑和相容关系。

**上涨走势和下跌走势：**一段区间内，会有一个最高价和一个最低价，如果最高价出现在前，我们就称这段区间为下跌走势区间；如果最低价出现在前，就称上涨走势区间。例如，以60日的一个区间，从最后一条K线向前数，数到最高价处和最低价处的K线数，最高价的线数大，最高价在前，就是下跌走势区间；最低价的线数大，最低价在前，就是上涨走势区间。

**本节提示：**

（1）选股公式，都列在“公式管理器——条件选股公式”的六个组中；

（2）选股公式都有其依据，例如：指标、基本面、走势形态等；

（3）选股公式只能有一个输出语句；

（4）我们可以按照需要和目的修改、编写选股公式。

**本节问题：**

知道含义了，也能编写了，但选股公式怎么用？

# 第三节　选股公式的使用

选股公式通过股票软件的“条件选股”来使用。具体步骤如下：

## 一、“条件选股”窗口

不同的软件，打开的方式可能略有不同，具体有以下三种方法可用：

（1）“Ctrl +T”；

（2）功能——选股器——条件选股；

（3）公式——条件选股。

打开的“条件选股”器，如图2-9所示。“条件选股”中有一系列的选项。我们来逐步完成。

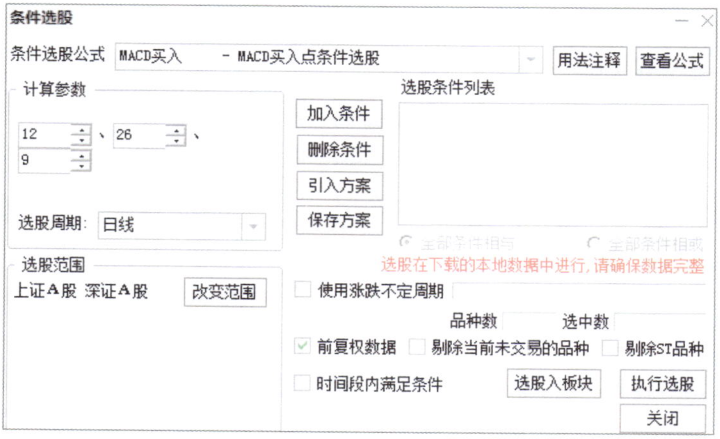


图2-9　条件选股

## 二、“条件选股公式”的使用

点击“条件选股公式”条目右边的下拉菜单，选取准备采用的选股公式。可以看到所有的选股公式，包括系统自带的、编写的、导入的。我们刚刚编写的公式“大跌筑底回升”排在最后，如图2-10所示。

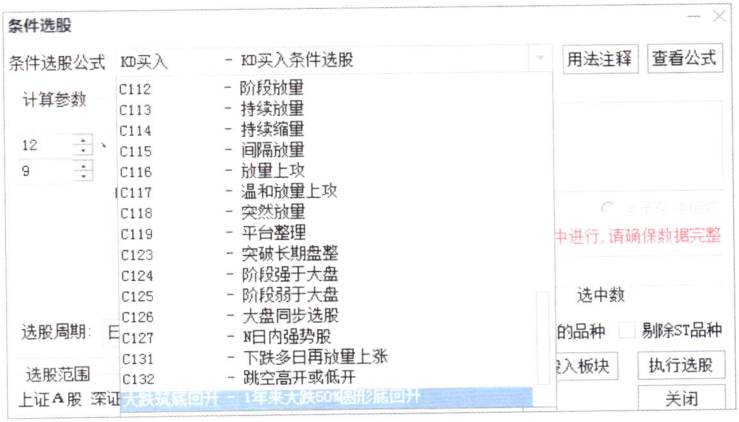


图2-10　条件选股公式

这里我们先选择**“KD买入”**来作为例子，如图2-11所示。

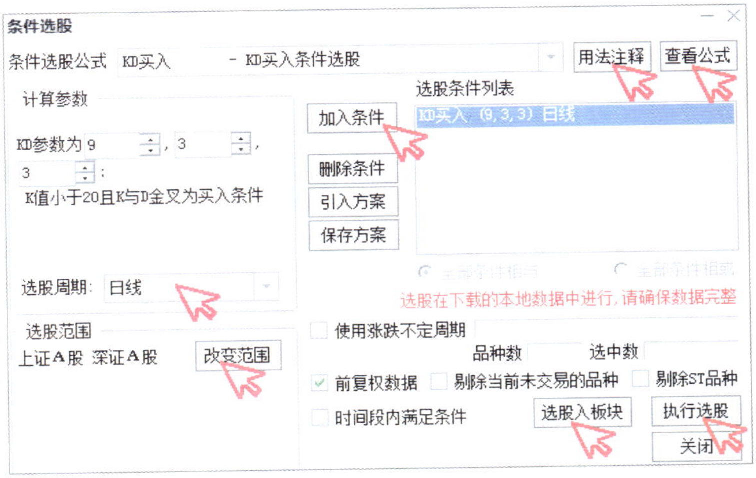


图2-11　KD买入条件选股

（1）在下拉菜单的较前面的位置，找到“KD买入”，点击它；

（2）看“计算参数”是否要修改？这里我们选默认缺省值，不修改；

（3）“选股周期”，我们采用日线；

（4）由以上三步可知，条件选股的公式就选定了。点击“加入条件”，这个条件就选好了；

（5）如果想要增加条件，可以继续选择“选股公式”，并“加入条件”，就可以同时用两个或更多条件来选股。这时，注意方框下的两个选项“全部条件相与”指要同时满足全部条件；“全部条件相或”指满足其中一个条件即可；

（6）如果想要删除条件，点击“选股条件列表”中的条件，再点击“删除条件”；

（7）“选股范围”：系统默认为沪深两市A股。如果要改变选股的范围，可点击“改变范围”，选择所要的范围，包括自定义的板块；

（8）开始选股：点击“执行选股”，即可开始选股。

**提示：**选股时利用的是已经下载到计算机内的数据。如果没有下载最新的数据，系统会给出提示，如图2-12所示 。选择“是”。系统自动下载好数据后，自动开始选股。

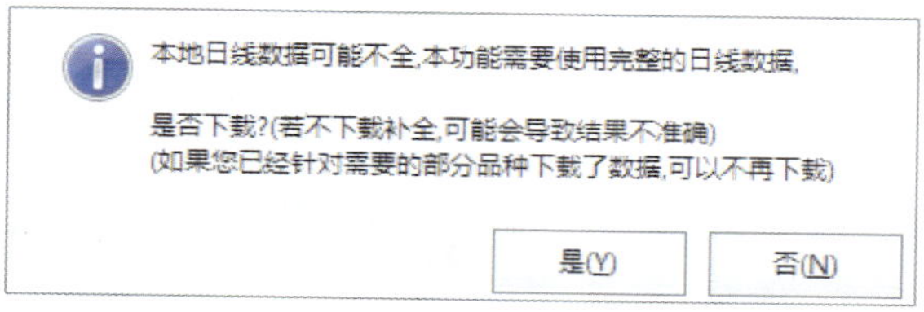


**图2-12　本地日线数据完整**

**注意：“选股入板块”**。

在图2-11中，有一个“选股入板块”选项，可以设置将选出的股票放入哪一个板块，或新建的板块。如果没有设定，选股的结果将放到“临时条件股”板块中。

也可以新建一个板块“KD买入0606”，如图2-13所示。

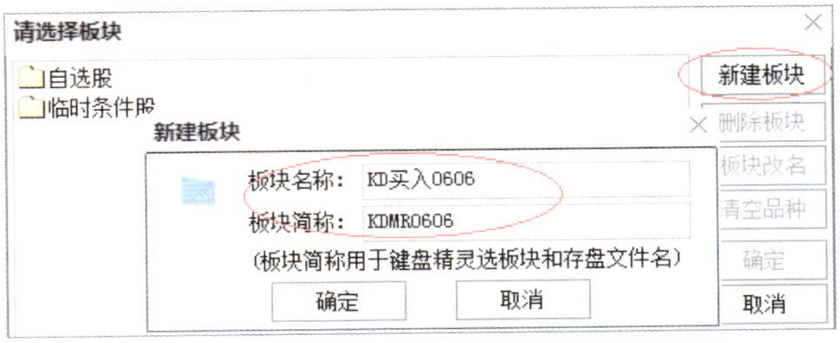


图2-13　选股入板块

## 三、选股结果

点击“执行选股”后，几分钟，计算机就完成了对3 600多只股票的筛选，给出筛选结果：筛选出3 626只股票，选出符合条件的18只，占比0.5%，如图2–14所示。

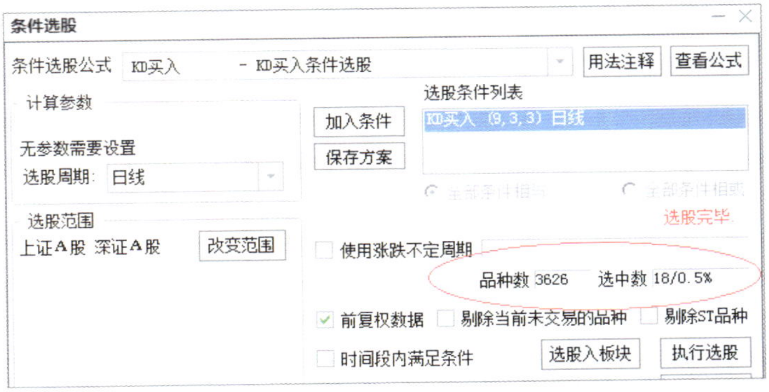


图2-14　KD买入条件选股结果

同时，列出符合条件的股票名单列表（部分），如图2–15所示。

| | 代码 | 名称 | 涨幅% | 现价 | 涨跌 | 买价 | 卖价 |
|---|---|---|---|---|---|---|---|
| 1 | 600149 | ST坊展 | 5.04 | 5.63 | 0.27 | 5.63 | – |
| 2 | 600179 | 安通控股 | 3.82 | 5.16 | 0.19 | 5.15 | 5.16 |
| 3 | 600321 | ST正源 | 5.03 | 1.88 | 0.09 | 1.88 | – |
| 4 | 600652 | *ST游久 | -1.83 | 2.15 | -0.04 | 2.14 | 2.15 |
| 5 | 600686 | 金龙汽车 | R 1.88 | 7.58 | 0.14 | 7.58 | 7.59 |
| 6 | 600769 | 祥龙电业 | -0.61 | 4.88 | -0.03 | 4.88 | 4.89 |
| 7 | 000096 | 广聚能源 | 0.62 | 9.71 | 0.06 | 9.71 | 9.78 |
| 8 | 000600 | 建投能源 | R 2.03 | 6.53 | 0.13 | 6.53 | 6.54 |

图2-15　KD买入条件选股列表（部分）

## 四、查看选出的个股

查看选出的个股，如图2-16所示。副图采用我们在第一章中改编的公式“KDJ数值”和系统指标公式“KD 随机指标KD”。可以看到（例如：祥龙电业）：

（1）“KDJ数值”给出了今日买入的信号、KK值 -33；

（2）“KD”指标：K值16.55，正好刚刚上穿D值16.21，并且 <20，在超卖区。

选出的股票，完全符合选股要求。

同样，把其他的选股公式用“条件选股——加入条件”放入“选股条件列表”中，也可以选出符合相应条件的股票，列表显示。

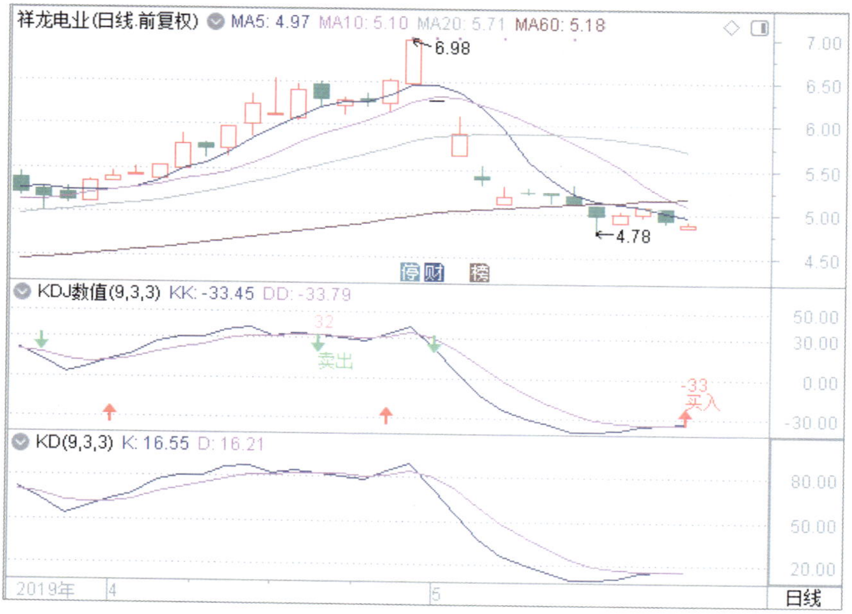


图2-16　KD买入条件选股信号

## 五、自编选股公式的条件选股

还记得我们在上一节中自编的那个选股公式吗？即“大跌筑底回升”。

我们可以重温一下它所描述的股票的走势状态，在大约1年245个交易日里下跌超过50%，而且在最近形成大底，并开始回升。

我们可以把它放入“条件选股”中选股，操作步骤类似前面的“步骤一到四”。

但是，可能选股结果是“0”，为什么?

因为这个选股公式仅仅选出今日符合条件的股。今日没有符合“大跌筑底回升”的股，尽管有符合“KD买入”条件的股。因为“大跌筑底回升”是一个要求很高的条件，而“KD买入”只是一个普通的条件，正所谓“KD买入”常有，而“大跌筑底回升”不常有。

## 六、条件选股公式的修改

做一个“大跌底回90”（1年来大跌50%圆形底回升，近来90日）的公式。方法：把“大跌筑底回升”公式的最后一句，改写成：

XINHAO:= DOWN245BIG AND DOWN60LTL AND UP22MID AND FANGLIANG;

XG: COUNT(XINHAO, 90) >0;

公式名称：**大跌底回90**

公式描述：1年来大跌50%圆形底回升，近来90日

另存为（**注意：**一定要另存为，这样就有了两个公式）。

用这个公式就能选出股票来。它的含义是：最近90日内，有符合条件的情况。

要了解引入的新函数COUNT的含义，请阅读下一节。

**本节提示：**

用适当的选股公式，在“选股器——条件选股”中，可以在几分钟内，扫描3 600多只股票，完整列出符合标准的股票。

**本节问题：**

这里的选股公式只给出了今日有信号的。能否灵活一些？比如：

（1）给出最近几日有信号的作为例子，让我们看看信号后几日的走势；

（2）在可能出现信号前一日或两日，能有一个提示，可以让我们做个准备。

## 第四节　选股公式的变化

接上节的问题。选出最近几日内有信号的个股。没问题，完全可以；提前给点提示，有时也可以，只要找到K线与信号之间的关系特点，但之后可能不一定有信号。正常的股票公式是描述今日和以前的状态，找出特点并标记出来；它不能像能预测未来那样提前讲出将来的状态。

需要注意的是，有一类公式函数——未来函数，会根据后面的走势和状态来修改前面的结论和标记，假装出有预测未来的能力。我们在股票公式的学习和使用中，要注意未来函数。并不是未来函数就是不可以用的，也不是有未来函数就是错的。相反，未来函数有时是很有用的，前提是我们能编写适当的语句，利用它有益的作用，消除它的不适当作用。随着学习的函数的增多、公式编写的水平的提高，这些都可以做到。

### 一、准备工作

以公式**KD买入**为例（公式管理器—条件选股公式—指标条件—D买入，修改）。

```
RSV:=(C-LLV(L,N))/(HHV(H,N)-LLV(L,N))*100;
K:=SMA(RSV,M1,1);
D:=SMA(K,M2,1);
KD:CROSS(K,D) AND K<20。
```

把最后一句，修改成三句：

KD:= CROSS(K, D) AND K<20;　{ 把：变成:=，改成中间语句 }

XINHAO:= KD;　{ 信号的拼音，中间语句 }

XUANGU: XINHAO;　{ 选股的拼音，输出语句 }

修改之后，公式仍然和原来是等价的。只不过在表达说法上复杂一些。含义是：

KD 是（赋值）K线刚刚上穿D线，并且K <20；

XINHAO 就是（赋值）KD；

XUANGU 输出今日有XINHAO 的股票。

公式内在含义完全一样，就是多转了两个弯。我们把它命名为：

公式名称：**KD买入信号**

RSV:= (C -LLV(L, N))/(HHV(H, N)-LLV(L, N)) *100;

K:= SMA(RSV, M1, 1);

D:= SMA(K, M2, 1);

KD:= CROSS(K, D) AND K<20;

XINHAO:= KD;

XUANGU: XINHAO。

这样用转两个弯的方式，就做好了准备工作。下面就来选出前几日内有信号的。

## 二、昨日有信号

关键就在最后一句：选股为输出今日有信号——XUANGU: XINHAO;

改一下，变成：

XUANGU：REF(XINHAO，1)；

就成了，选股为输出昨日有信号。

## 三、前日有信号

改一下，变成：

XUANGU：REF(XINHAO，2)；{ 前日有信号 }；

就成了，选股为输出前日有信号。

## 四、之前第8日有信号

改一下，变成：

XUANGU：REF(XINHAO，8)；{ 之前第8日有信号 }；

就成为选股为输出之前第8日有信号。

## 五、最近3日有信号

改一下，变成：

XUANGU：COUNT(XINHAO，3) >0；{近3日内，有信号的日数 >0}；

就成了，选股为输出最近三日内有信号（今日、昨日、前日，任何一日有信号都行）。

**注释：**

COUNT：引用函数。

**含义：**统计满足条件的周期数。

**用法：**COUNT(X，N)；统计N周期中满足X条件的周期数。

例如：COUNT(C >O，20)；表示统计20周期内收阳的周期数。

## 六、最近9日有信号

改一下，变成：

XUANGU：COUNT(XINHAO，9) >0；｛近9日内，有信号的日数 >0｝；

就成了，选股为输出最近9日内有信号。

## 七、最近90日有信号

改一下，变成：

XUANGU：COUNT(XINHAO，90) >0；｛近90日内，有信号的日数 >0｝；

就成了，选股为输出最近90日内有信号。

在条件选股公式的修改中，公式**"大跌底回90"**的最后两句是：

XINHAO：DOWN245BIG AND DOWN60LTL AND UP22MID AND FANGLIANG；

XG：COUNT(XINHAO，90) >0；

它的含义就是：近来90日内，有"大跌筑底回升"的信号。

"大跌筑底回升"的条件要求高，不是每天都会有符合信号的股票，但在90日内，一般一定会有符合条件的股票。

# 第五节　选股公式信号前的提示

接第三节的问题。在可能出现信号的几日，提前给出提示，有时也是可以的，只要找到K线和指标之间关系的特点，但之后可不一定有信号。如果接下来能延续前几日的走势，信号就会出现。如果不能延续前几日的走势，信号就可能不出现。这符合技术分析的原则，体现出技术分析的精髓，就是当趋势形成后，将会延续一段时间，要顺势而为。当趋势尚未形成时，要观望和等待。

以公式**"KD买入"**为例。其买入信号是：K线刚刚上穿D线，并且K <20。

我们可以分析如下：

（1）在此之前，K线已经拐头向上，也就是当日的K值高于昨日的K值；

（2）如果当日的差值（D － K）< 当日K的增长值，只要明日的K有同样增长，K线就会上穿D线（不是很严格）；

（3）如果当日的差值（20 － K）> 当日K的增长值，只要明日的K增长差别不大，K线就会还保持在20以下。

根据以上的分析，我们就可以设计和编写信号前提示公式了。

公式名称：**KD买入提示**（**注意**：这里取消参数设置，直接使用9，3，3）

公式描述：如果明日KD可能出现信号，提示。

RSV:=(C -LLV(L, 9))/(HHV(H, 9) -LLV(L, 9))*100;

K:= SMA(RSV, 3, 1);

D:= SMA(K, 3, 1);

K增大:= K >REF(K, 1) AND D >K;　{当日K在上升，但还在D线下}

K增足:= K -REF(K, 1) > D -K;　{当日K的增幅足够大，大于D和K的差}

K低位:= 20 -K > K -REF(K, 1);　{当日K低，明日可能不会超过20}

**提示:** K增大 AND K增足 AND K低位;

把这个公式放入“技术指标公式”中，再引入副图中，就可以显示出来。

把这个公式放入“条件选股公式”中，它就可以用在“条件选股”中，用来选股。

一个公式，至少要有一个输出，就可以用作“技术指标公式”；当只有一个输出（逻辑输出）时，还可以用作“条件选股公式”。当然，要求这个公式是符合逻辑的、有意义的。

现在，我们把它放到“技术指标公式”中，再引入副图中，就可以看到它对何种情况有指示，也就是会把什么样的走势选出来。

**方法：**“公式管理器—技术指标公式—超买超卖型—新建—（输入）—确认”，如图2-17所示。

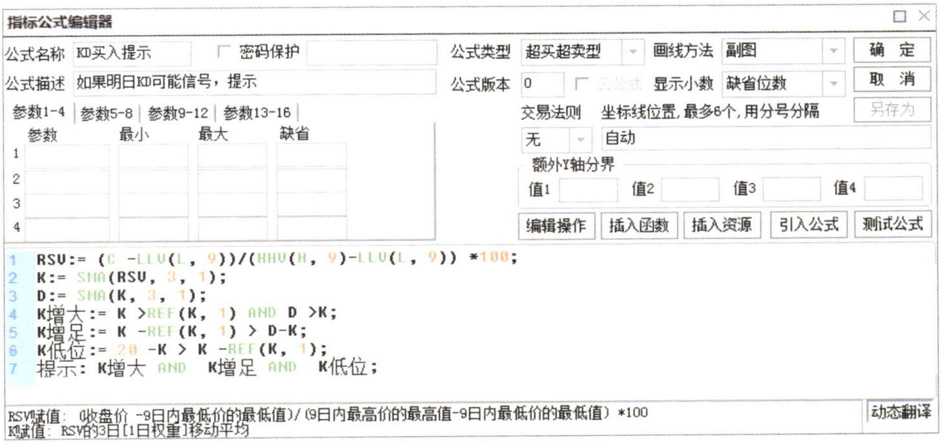


图2-17　KD买入提示

“确认”后，会看到公式被放到“用户”公式组中，如图2-18所示。

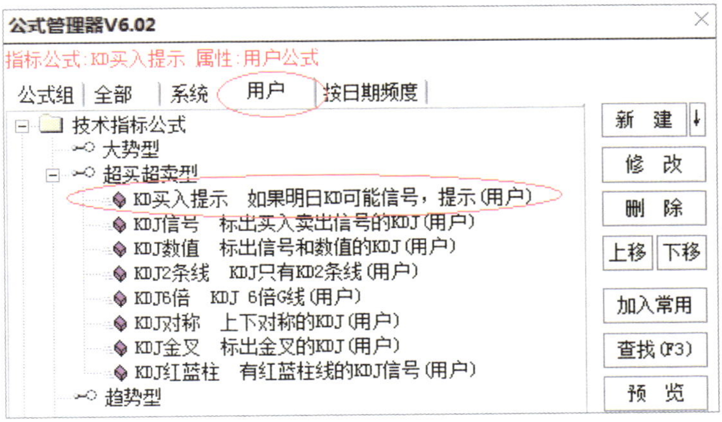


图2-18　KD买入提示用户组

把公式“KD买入提示”放入副图，如图2-19所示。可以看到：在买入信号前两日、前一日，都给出提示。提示指标线从0，上升到1。也就是从“无提示”，到“有提示”。

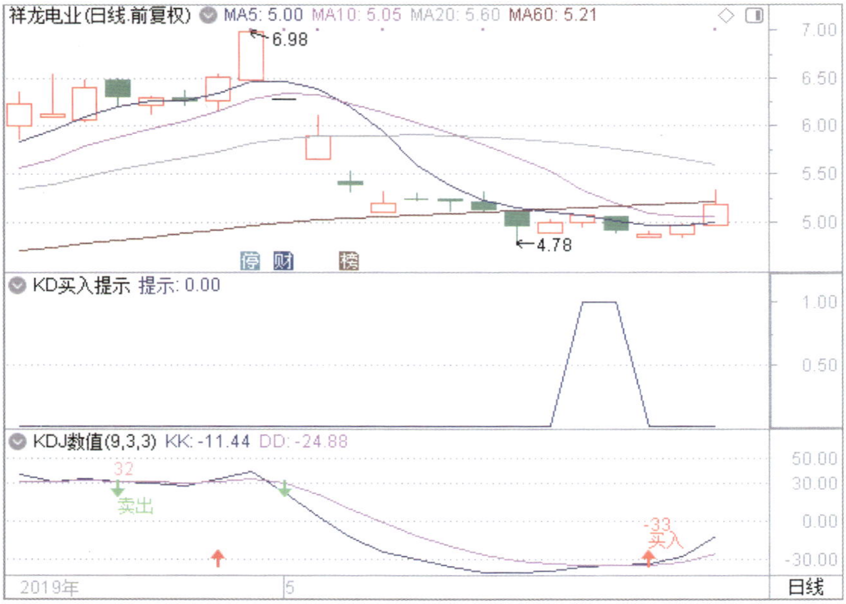


图2-19 KD买入提示副图

**公式“KD买入提示”用于选股。**

“KD买入提示”只有一个输出语句，符合条件选股公式的标准，可以用于选股，选出有“提示的个股”。具体方法如下：

（1）将“KD买入提示”放入“条件选股公式”组：公式管理器—条件选股公式—指标条件（或其他五个组）—新建—（输出公式）—确定。

（2）选出有“提示”的个股（操作过程见第三节）

**本章提示：**

（1）选股公式可以在几分钟内筛查出3 600余只个股，筛选出有信号的个股，列出完整名单；

（2）选股公式有软件自带的；也可以自己根据需要和经验，自编选股公式。

**本章思考题：**

技术指标公式和条件选股公式有些相似，它们之间有什么关系？能互换吗？

# 第三章

# 技术指标公式与选股

条件选股公式用于选股有很多限制。例如：只能有一个选股条件，并且只能是逻辑条件；条件选股公式组中的公式不能直接用于显示；用条件选股公式来选股，虽然可以选出今日有信号的个股或某时间段内有信号的个股，但是却不能按照信号出现的先后来排列个股；并且不能对数值进行筛选。

能否有方法可以做到以下几点：

（1）一个公式可以同时容纳几个选股信号，包括数值；

（2）选出的股票可以按照信号出现的先后时间次序排序、按照数值的大小排序；

（3）公式可以直接用于显示和用于选股。

有，使用“历史行情·指标排序”+“技术指标公式”。可以对指定范围或板块的所有股票，按照所用的技术指标公式的输出条目为项目对股票进行筛选，做出股票列表，并且各项目都可以排序。

# 第一节　历史行情·指标排序

## 一、“历史行情·指标排序”的位置

每个股票软件都带有“历史行情·指标排序”功能。不同的软件“历史行情·指标排序”的位置和调出方式可能会有所不同，如图3–1所示，一般可以用3种方式：

（1）“报价”——“历史行情·指标排序”；

（2）“系统”——“报表分析”——“历史行情·指标排序”；

（3）键盘精灵输入“.401”（注意：别忘了那个点“.”）。

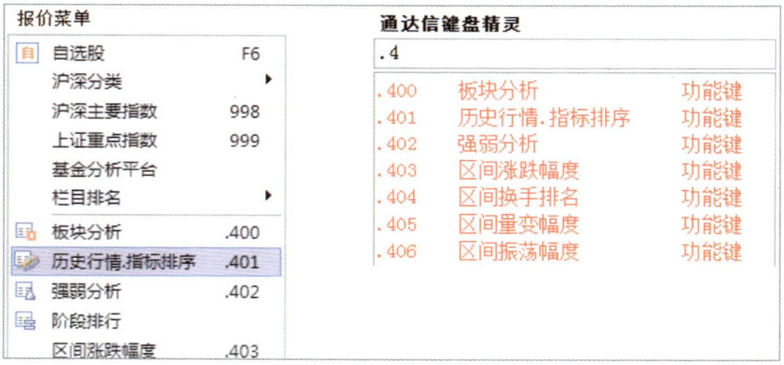


图3-1　历史行情指标排序

进入“历史行情·指标排序”后，会有日线数据下载提示条，如图3–2所示，提醒要下载最新的日线数据，才能有最新的数据用来进行准确的指标排序。当然，应该选择“是(Y)”，并等待日线数据下载完成。如果已经下载了数据，就不会出现提示条。

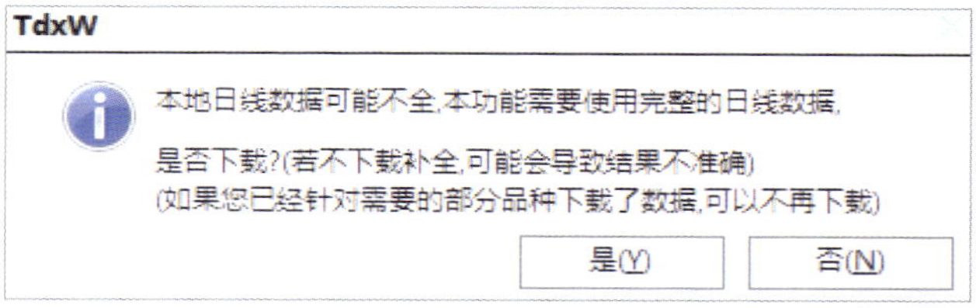


图3-2　日线数据下载提示条

## 二、“历史行情·指标排序”的页面

排序完成后的画面，就是一个股票列表。如果系统中的“历史行情·指标排序”没有被设置和更改过，排序完成后的画面，如图3-3所示。

历史行情.指标排序 沪深A股 日期: 2019-06-06,四 指标: UDL(3,5,10,20,6) 使用1000个数

| | 代码 | 名称 | 涨幅%↓ | 收盘 | 成交量 | 总金额 | UDL | MAUDL |
|---|---|---|---|---|---|---|---|---|
| 1 | 300018 | 中元股份 | 10.09 | 6.33 | 2121万 | 1.32亿 | 5.903 | 5.870 |
| 2 | 000593 | 大通燃气 | 10.06 | 7.00 | 1451万 | 1.02亿 | 6.448 | 6.357 |
| 3 | 002843 | 泰嘉股份 | 10.05 | 10.62 | 1376万 | 1.46亿 | 11.344 | 12.937 |
| 4 | 600371 | 万向德农 | 10.04 | 14.03 | 6443万 | 8.89亿 | 11.650 | 10.577 |
| 5 | 002731 | 萃华珠宝 | 10.01 | 17.36 | 579.9万 | 9871万 | 16.242 | 16.129 |
| 6 | 300656 | 民德电子 | 10.01 | 27.14 | 244.2万 | 6509万 | 23.103 | 21.815 |
| 7 | 300127 | 银河磁体 | 10.01 | 18.02 | 1623万 | 2.79亿 | 15.830 | 15.501 |
| 8 | 002885 | 京泉华 | 10.01 | 18.14 | 1953万 | 3.48亿 | 17.842 | 19.216 |
| 9 | 300615 | 欣天科技 | 10.00 | 28.26 | 2758万 | 7.72亿 | 22.543 | 20.017 |
| 10 | 300775 | 三角防务 | 10.00 | 26.73 | 469613 | 1255万 | - | - |

图3-3　指标排序

### 1.说明栏

注意上面的说明栏，其内容如下：

历史行情·指标排序——当前的窗口名称；

沪深A股——已经进行指标排序的股票范围；

日期：2019.06.06，四——排序的基准日期和星期；

指标：UDL[3,5,10,20,6]——使用的排序指标：UDL引力线[5个参数]；

使用1 000个数据——使用最近的1 000条K线数据；

前复权——复权方式；

右键操作——右击，有右键操作菜单；

F8刷新计算——F8，重新进行排序计算。

### 2.项目栏

项目栏中有：“代码、名称、涨幅、收盘、成交量、总金额、UDL、MAUDL”八个项目。其中“代码、名称、涨幅、收盘、成交量、总金额”六个是固定项目；“UDL，MAUDL”两个是指标项目，就是“UDL引力线”的两个输出指标。

**指标项目**是可以更改、附加、删除的。我们可以更改“UDL”指标，换入“KDJ”指标，再附加“MACD”指标。指标项目就会变成六个，其中KDJ的三个（K、D、J），MACD的三个（DIF、DEA、MACD）（更改、附加的方法，见后文）。

### 3.项目栏的排序：升序和降序

可以看到，图3-3中的排序是按照项目“涨幅”来排序的，并且是以降序的方式排列的，即涨幅高的排在前面。

点击“涨幅%”，就可以换成以涨幅的升序方式来排列，涨幅小的排在前面（跌幅大的排在前面），如图3-4所示。

历史行情.指标排序 沪深A股 日期: 2019-06-06,四 指标: UDL(3,5,10,20,6) 使用1000个数

| | 代码 | 名称 | 涨幅%↑ | 收盘 | 成交量 | 总金额 | UDL | MAUDL |
|---|---|---|---|---|---|---|---|---|
| 1 | 300536 | 农尚环境 | -10.04 | 8.96 | 1722万 | 1.62亿 | 10.004 | 10.270 |
| 2 | 300430 | 诚益通 | -10.04 | 10.13 | 774200 | 784万 | 12.491 | 13.232 |
| 3 | 600480 | 凌云股份 | -10.03 | 9.06 | 1745万 | 1.61亿 | 9.592 | 9.611 |
| 4 | 600146 | 商赢环球 | -10.03 | 12.47 | 1334万 | 1.72亿 | 13.699 | 13.745 |
| 5 | 300299 | 富春股份 | -10.03 | 6.73 | 8265万 | 5.75亿 | 6.816 | 6.655 |
| 6 | 600354 | 敦煌种业 | -10.02 | 7.54 | 1.25亿 | 9.71亿 | 7.219 | 6.671 |
| 7 | 300152 | 科融环境 | -10.02 | 3.95 | 7951万 | 3.24亿 | 4.679 | 5.041 |

图3-4　指标排序升序排列

同样，可以单击其他的项目，用那个项目为标准来排列个股的顺序，可以是降序排列，或是升序排列；再次点击，降序排列、升序排列转换。如图3-5、图3-6所示。

历史行情.指标排序 沪深A股 日期: 2019-06-06,四 指标: UDL(3,5,10,20,6) 使用1000个数

| | 代码 | 名称 | 涨幅% | 收盘 | 成交量 | 总金额 | UDL↓ | MAUDL |
|---|---|---|---|---|---|---|---|---|
| 1 | 600519 | 贵州茅台 | -1.09 | 862.13 | 347.9万 | 30.1亿 | 881.215 | 890.139 |
| 2 | 000661 | 长春高新 | -0.08 | 292.65 | 297.5万 | 8.71亿 | 301.431 | 303.754 |
| 3 | 603444 | 吉比特 | -4.28 | 190.00 | 594279 | 1.14亿 | 200.942 | 204.030 |
| 4 | 300760 | 迈瑞医疗 | -2.99 | 149.00 | 308.6万 | 4.63亿 | 147.692 | 145.517 |
| 5 | 300747 | 锐科激光 | -2.23 | 122.80 | 632089 | 7805万 | 127.740 | 129.628 |
| 6 | 300751 | 迈为股份 | -4.36 | 113.54 | 531086 | 6109万 | 122.111 | 125.888 |
| 7 | 603833 | 欧派家居 | -1.35 | 114.93 | 511790 | 5868万 | 114.674 | 113.111 |

图3-5　指标排序UDL降序

历史行情.指标排序 沪深A股 日期: 2019-06-06,四 指标: UDL(3,5,10,20,6) 使用1000个数

| | 代码 | 名称 | 涨幅% | 收盘 | 成交量 | 总金额 | UDL↑ | MAUDL |
|---|---|---|---|---|---|---|---|---|
| 91 | 600795 | 国电电力 | -0.40 | 2.49 | 2950万 | 7353万 | 2.506 | 2.511 |
| 92 | 600069 | 银鸽投资 | 0.90 | 2.23 | 2864万 | 6339万 | 2.513 | 2.680 |
| 93 | 600871 | 石化油服 | -3.17 | 2.44 | 3413万 | 8376万 | 2.525 | 2.536 |
| 94 | 600220 | 江苏阳光 | -3.56 | 2.44 | 814.1万 | 2007万 | 2.555 | 2.601 |
| 95 | 300111 | 向日葵 | -2.87 | 2.37 | 1188万 | 2845万 | 2.561 | 2.651 |
| 96 | 600691 | 阳煤化工 | -0.79 | 2.52 | 1279万 | 3215万 | 2.573 | 2.609 |
| 97 | 000882 | 华联股份 | -2.35 | 2.49 | 714.4万 | 1791万 | 2.576 | 2.614 |
| 98 | 600698 | *ST天雁 | -2.30 | 2.55 | 1164万 | 3032万 | 2.577 | 2.595 |

图3-6　指标排序UDL升序

## 三、“UDL”公式

UDL公式是技术指标公式中超买超卖型中的一个，如图3–7所示。

图3-7　UDL公式

UDL公式，与其他的技术指标公式一样，可以引入副图中显示（**方法：**点击

副图空白处—输入“UDL”—选中UDL—回车，如图3-8所示）。

图3-8　UDL公式显示

公式名称：UDL

公式描述：引力线

参数：（共有五个，缺省值：3，5，10，20，6）

UDL：(MA(CLOSE,N1)+MA(CLOSE,N2)+MA(CLOSE,N3)+MA(CLOSE,N4))/4;

MAUDL：MA(UDL,M);

分析：前四个参数由小到大，是从短期到长期；MA是求平均值；UDL就是各个短期、长期平均值的再平均值；MADUL是中期UDL的平均值；所以，UDL就是短期均线与长期均线的上穿、下穿关系。

在“公式管理器”中，打开“技术指标公式—超买超卖型—UDL引力线—修改—用法注释”，可以看到UDL的用法说明，具体如下：

（1）本指标的超买超卖界限值随个股不同而不同，使用者应自行调整；

（2）使用时，可列出一年以上的走势图，观察其常态性分布范围，然后用参考线设定其超买超卖范围。通常UDL高于某个极限时，短期股价会下跌；UDL低于某个极限时，短期股价会上涨；

（3）本指标可设参考线。

### 四、排序股票范围的选择

股票列表界面的下边，有“分类和市场”菜单栏，项目有：分类、A股、中小、创业、B股、基金、债券、自定义、港股通等。单击各项目，即可选择所需的排序股票范围。

## 第二节 历史行情·指标排序中使用的股票公式

指标排序中使用的公式是技术指标类公式。这类公式的好处是能放在副图上显示，直接看到所排出列表的个股的指标状态。例如上一节中的UDL。

但是，用UDL指标排序，仅仅给出按照UDL值、MAUDL值大小的排序，并没有给出买卖信号的提示信息。要给出买卖信号的提示信息，我们就要编写能够给出买卖信号的技术指标公式。好在这并不难，现成的就有。还记得我们在第一章中编写的那些公式吗？其中的“KDJ信号”公式，拿过来，稍稍修改一下就能用。

公式名称：**KDJ信号**（见第一章第二节）

公式描述：标出买入卖出信号的KDJ

RSV:=(C-LLV(L,N))/(HHV(H,N)-LLV(L,N))*100;

K:=SMA(RSV,M1,1);

KK:K-50;

```
D:= SMA(K,M2,1);
DD: D -50;
J:=3*K-2*D;
JINCHA:= CROSS(K, D);
JINCHAIC: DRAWICON(JINCHA, -20, 1);
SICHA:= CROSS(D, K);
SICHAIC: DRAWICON(SICHA, 26, 2);
MAIRU:= KK < -26 AND JINCHA;
买入: DRAWTEXT(MAIRU, -15, '买入'), COLORRED;
MAICHU:= KK >26 AND SICHA;
卖出: DRAWTEXT(MAICHU, 12, '卖出'), COLORGREEN。
```

以此为基础，修改成适合用于指标排序的公式。

公式名称：**KDJ信号排序**

公式描述：KDJ买卖信号出现日到今日的日数；

```
RSV:= ( C -LLV(L,N) )/( HHV(H,N)-LLV(L,N) )*100;
K:= SMA(RSV,M1,1);
KK:= K -50;
D:= SMA(K,M2,1);
DD:= D -50;
J:= 3*K-2*D;
JINCHA:= CROSS(K, D);  {金叉：K线上穿D线}
MAIRU:= KK < -26 AND JINCHA;  {买入：金叉 + KK <-26 }
买入日: BARSLAST(MAIRU), COLORRED;  {买入信号出现日到今日的日数}
```

SICHA:= CROSS(D，K)；｛死叉：K线下穿D线｝

MAICHU:= KK >26 AND SICHA；｛死叉+卖出：KK >26 ｝

卖出日：BARSLAST(MAICHU)，COLORGREEN；｛卖出信号出现日到今日的日数｝

另存为，如图3-9所示。

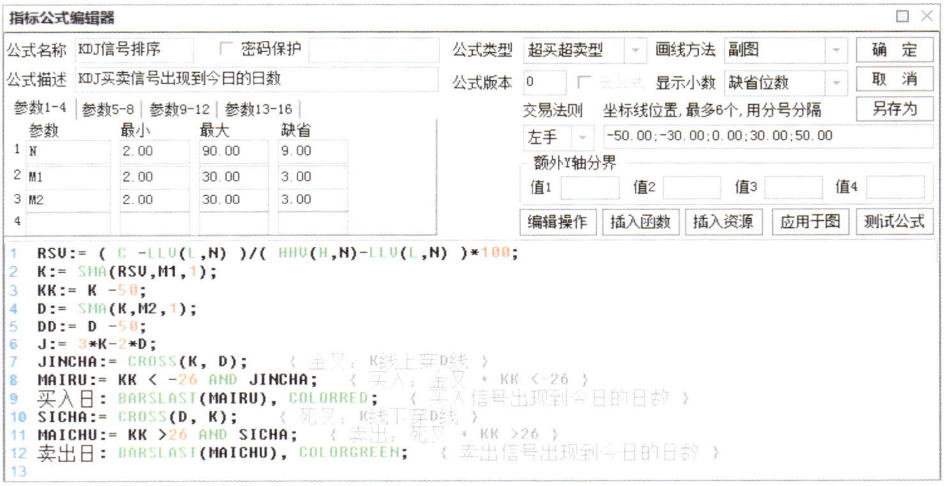


图3-9　KDJ信号排序

**注意：**

（1）“{ }”中的内容是注释，在公式的计算中不起作用。我们可以把备注的内容写在这里，帮助记忆和理解。

（2）BARSLAST是引用函数，含义：上一次条件成立到当前的周期数。用法：BARSLAST(X) 上一次X为真，到当前的日数。

（3）买入日：BARSLAST(MAIRU)；就是上一次MAIRU =1（为真，出现买入信号）到今日的日数。如果今日出现买入信号，买入日=0，就相当于T日；如果昨日出现买入信号，买入日=1，就相当于T －1日；如果前12日出现买入信号，买入日=12，就相当于T －12日；这样，买入信号出现的日期就可以按照先后次序排列了；

（4）卖出日：BARSLAST(MAICHU)，同样，上一次卖出信号出现日到今日的日数；

（5）我们只按“买入日”“卖出日”两个项目排序，所以，只有这两个输出句。

上面说的这些内容，在接下来的第三节中会有示例图线显示出来。先记下这个公式，在下节中我们将把它放到“历史行情·指标排序”中去，用排序的方式，筛选出现KDJ买入、卖出信号的股票，并按照出现时间的先后顺序排列出来。

## 第三节　历史行情·指标排序中的指标的更改

如何把需要的指标加入“历史行情·指标排序”中？或者更改、删除不需要的指标？可以通过“更改排序指标、附加排序指标、删除附加的排序指标”完成。

### 一、排序指标

在“历史行情·指标排序”的画面中的第一行菜单栏中有“右键操作”。在画面上右击，会出现右键菜单，如图3–10所示。

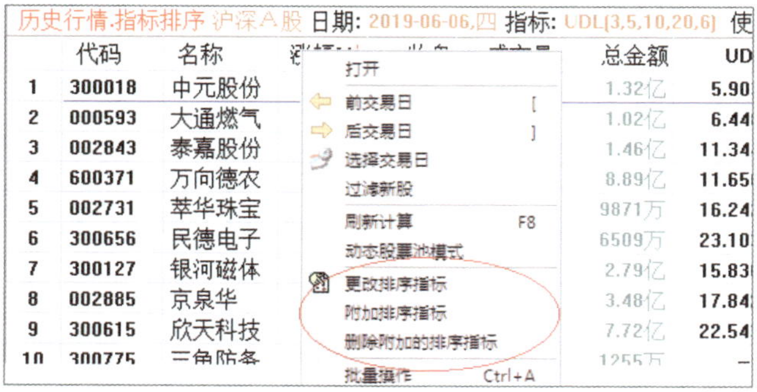


图3-10　指标排序右键菜单

菜单中有三项是关于“更改、附加、删除”排序指标的。它们的作用是：

（1）“更改排序指标”——更改排在最后面的一个排序指标；

（2）“附加排序指标”——添加一个排序指标在后面；

（3）“删除附加的排序指标”——把排在最后面的一个排序指标删除。

这里要注意的是：一个排序指标就是一个公式，可能包含数个排序项目。例如：UDL排序指标就是UDL公式，包含两个排序项目：UDL和MAUDL。另外，至少会保留一个排序指标。所以，如果只剩一个排序指标时，它是删除不掉的，只能更改。

## 二、更改排序指标

我们可以把第一个排序指标更改设置成很熟悉的KDJ。具体方法如下：

点击“更改排序指标”——选择“KDJ　随机指标”，同时把　“使用数据个数”填写成“1 000”或其他适当的数值“500−1 200”；勾选“只显示有输出线名称的输出线栏目”；勾选“输出值采用分色显示（同0比较）”，如图3−11所示。

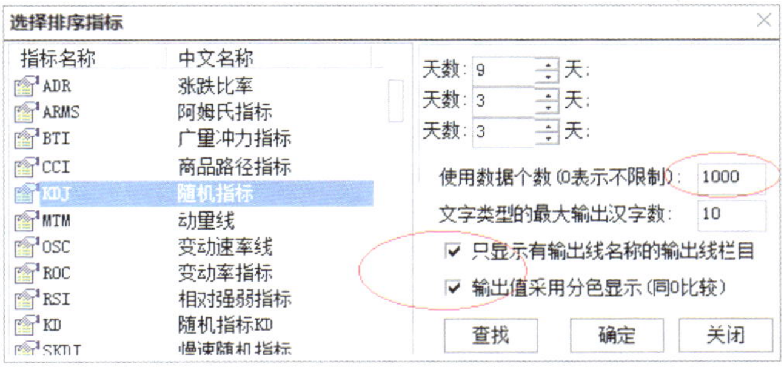


图3-11　指标排序更改成KDJ

## 三、附加排序指标

我们把上节中编写的适合于“指标排序选股”的公式“KDJ信号排序”附加到“指标排序”中，以准备作为“排序选股”的典型例子（方法：右键菜单—“附加排序指标”），如图3−12所示。

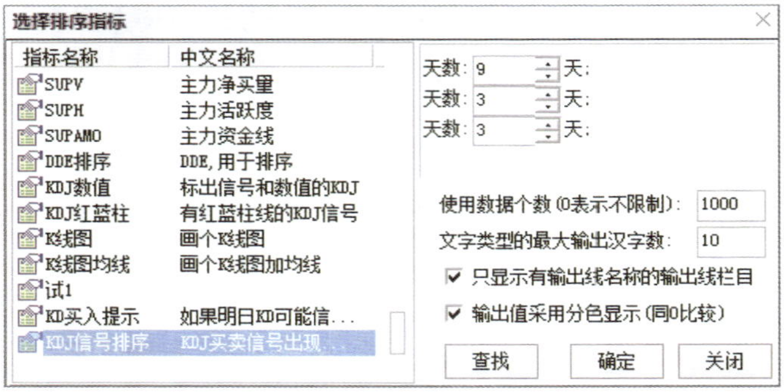


图3-12　附加KDJ信号排序

当你单击“确定”后，就把“KDJ信号排序”附加到“指标排序”中，同时，指标排序就自动开始排序。这时我们可以单击“取消”，就会停止指标排序，这样指标排序在进行了一部分后就停止了，也就是在3 600多只股票中，已经排序的会有各个排序项目的数值，那些没有来得及排序的，各项目的数值都为0。有时单击“取消”是必要的，如果我们还没有做好全部的准备工作。

当然，我们可以按“F8”键重新开始排序（如指标排序画面的菜单提示）。

排序完成后即可得到排序的结果，如图3-13所示。

历史行情.指标排序 沪深A股 日期: 2019-06-06,四 指标: KDJ(9,3,3) KDJ信号排序(9,3,3) 使用1000个数据 前复权 点右

| | 代码 | 名称 | 涨幅% | 收盘 | 成交量 | 总金额 | K | D | J | 买入日↑ | 卖出日 |
|---|---|---|---|---|---|---|---|---|---|---|---|
| 1 | 000410 | 沈阳机床 | 3.22 | 7.06 | 1012万 | 7057万 | 21.116 | 19.037 | 25.274 | 0.000 | 303.000 |
| 2 | 002132 | 恒星科技 | -1.00 | 2.96 | 1547万 | 4554万 | 17.152 | 16.209 | 19.036 | 0.000 | 387.000 |
| 3 | 002154 | 报 喜 鸟 | 0.61 | 3.31 | 513.1万 | 1682万 | 22.224 | 19.097 | 28.479 | 0.000 | 60.000 |
| 4 | 002173 | 创新医疗 | -0.14 | 7.08 | 230.6万 | 1626万 | 21.587 | 16.737 | 31.289 | 0.000 | 68.000 |
| 5 | 002215 | 诺 普 信 | 0.14 | 7.39 | 2639万 | 1.97亿 | 16.228 | 15.503 | 17.678 | 0.000 | 27.000 |
| 6 | 002247 | 聚力文化 | 3.89 | 2.94 | 2903万 | 8428万 | 15.676 | 11.016 | 24.997 | 0.000 | 57.000 |
| 7 | 002256 | 兆新股份 | 0.66 | 3.05 | 1704万 | 5064万 | 16.729 | 13.861 | 22.464 | 0.000 | 71.000 |
| 8 | 002423 | 中原特钢 | 2.00 | 9.19 | 437.2万 | 3924万 | 21.848 | 15.650 | 34.242 | 0.000 | 58.000 |
| 9 | 002537 | 海联金汇 | -4.89 | 6.81 | 2014万 | 1.37亿 | 7.594 | 6.911 | 8.961 | 0.000 | 57.000 |

图3-13　KDJ信号排序结果1

## 四、指标排序结果的解读

在排序画面中，单击“买入日”项目栏一次或再一次，就会得到从买入信号出现日到今日之间的日数数值，降序排列或者升序排列。图3-13 就是升序排列的开始部分。

### 1.“买入日”栏目

“0”表示信号出现日到今日的日数 = 0。直接说：就是今日有信号，相当于T日，或T+0日。我们打开其中的一个股票来看看，如图3-14所示。

图3-14 买入信号排序为0

可以看到最近一个“买入”信号就在今日。所以，“买入日”栏目数值的含义是：从最近的一个“买入”信号出现日到今日的时间段的日数。

我们再回到图3-13，可以看到这个股票的相应的“卖出日”栏目的数值是71。再回到图3-14，可以看到图中有一个“卖出”信号。如果你不怕麻烦，可以数一下，从这个“卖出”信号到今日的K线数，正好是71，也就是T -71。“卖出日”栏目中的数值的含义是：从最近的一个“卖出”信号出现日到今日的时间段的日数。

这里需要注意的是，这是当时在2019.06.06（四）的指标排序结果。如果是在下一个交易日2019.06.10（一）进行排序（端午节休息三天），这对数值就是“1和72”。

### 2.“买入日”栏目更多的内容

在“历史行情・指标排序”的画面中（如图3-13所示），下拉右侧的滚动条，就会看到“买入日”栏目的数值在逐渐增大，如图3-15所示。

历史行情.指标排序 沪深A股 日期: 2019-06-06,四 指标: KDJ(9,3,3) KDJ信号排序(9,3,3) 使用1000个数据 前复权 点右

| | 代码 | 名称 | 涨幅% | 收盘 | 成交量 | 总金额 | K | D | J | 买入日↑ | 卖出日 |
|---|---|---|---|---|---|---|---|---|---|---|---|
| 181 | 603187 | 海容冷链 | -4.93 | 27.56 | 142.9万 | 4017万 | 17.507 | 23.913 | 4.693 | 5.000 | - |
| 182 | 000042 | 中洲控股 | -2.94 | 9.57 | 123.1万 | 1192万 | 6.066 | 9.020 | 0.156 | 6.000 | 158.000 |
| 183 | 000498 | 山东路桥 | -2.95 | 4.93 | 608.1万 | 3036万 | 11.052 | 15.232 | 2.692 | 6.000 | 455.000 |
| 184 | 000601 | 韶能股份 | 2.52 | 4.48 | 833.8万 | 3677万 | 76.032 | 60.729 | 106.637 | 6.000 | 32.000 |
| 185 | 000607 | 华媒控股 | -1.34 | 4.42 | 369.4万 | 1645万 | 15.593 | 18.212 | 10.354 | 6.000 | 135.000 |
| 186 | 000911 | *ST 南糖 | -2.95 | 5.59 | 469.4万 | 2642万 | 38.036 | 28.355 | 57.399 | 6.000 | 55.000 |
| 187 | 002168 | 惠程科技 | -0.86 | 8.06 | 602.3万 | 4841万 | 25.349 | 27.015 | 22.018 | 6.000 | 260.000 |
| 188 | 002258 | 利尔化学 | -2.74 | 12.77 | 495.7万 | 6390万 | 9.642 | 15.857 | -2.788 | 6.000 | 72.000 |

图3-15　KDJ信号排序结果2

查看其中的韶能股份，可以看到，最近的一个买入信号出现在6日前（6个交易日，就是T －6日）；最近的一个卖出信号出现在32日之前（T －32日），如图3-16所示。

图3-16　买入信号排序为6

再看图3-17和图3-18，如果在27日前的那日收盘后，用这个指标排序，可以看到当时花园生物的“买入日”排序为0，就是当日出现提示信号。

历史行情.指标排序 沪深A股 日期：2019-06-06,四 指标：KDJ(9,3,3) KDJ信号排序(9,3,3) 使用1000个数据 前复权 点右键

| | 代码 | 名称 | 涨幅% | 收盘 | 成交量 | 总金额 | K | D | J | 买入日↓ | 卖出日 |
|---|---|---|---|---|---|---|---|---|---|---|---|
| 745 | 002841 | 视源股份 | -2.56 | 72.30 | 825785 | 6044万 | 18.984 | 30.611 | -4.270 | 28.000 | 73.000 |
| 746 | 600201 | 生物股份 | -3.88 | 14.87 | 1660万 | 2.52亿 | 52.584 | 51.131 | 55.492 | 27.000 | 139.000 |
| 747 | 300401 | 花园生物 | -2.99 | 16.85 | 2093万 | 3.52亿 | 70.275 | 77.644 | 55.537 | 27.000 | 1.000 |
| 748 | 300202 | 聚龙股份 | -3.61 | 6.40 | 818.3万 | 5296万 | 14.535 | 19.656 | 4.293 | 27.000 | 67.000 |
| 749 | 000961 | 中南建设 | -1.76 | 8.91 | 2451万 | 2.19亿 | 67.565 | 65.492 | 71.711 | 27.000 | 50.000 |
| 750 | 603790 | 雅运股份 | -3.74 | 15.94 | 312.3万 | 5065万 | 14.150 | 28.205 | -13.962 | 26.000 | — |

图3-17　KDJ信号排序结果3

图3-18　买入信号排序为27

关于“卖出日”栏目的降序或升序排列操作，与“买入日”栏目的操作一样，“卖出日”栏目的含义与卖出信号相关。

### 3.“KDJ”栏目内容

指标“KDJ”排序后，列出“K、D、J”三个数值，含义是：今日这个股票的K、D、J数值，如图3-19、图3-20所示（当时日期：2019.06.06）。

历史行情.指标排序 沪深A股 日期：2019-06-06,四 指标：KDJ(9,3,3) KDJ信号排序(9,3,3) 使用1000个数据 前复权 点右键

| | 代码 | 名称 | 涨幅% | 收盘 | 成交量 | 总金额 | K↑ | D | J | 买入日 | 卖出日 |
|---|---|---|---|---|---|---|---|---|---|---|---|
| 82 | 002037 | 久联发展 | -2.07 | 7.09 | 151.8万 | 1086万 | 7.143 | 12.830 | -4.232 | 19.000 | 71.000 |
| 83 | 002450 | *ST康得 | -3.44 | 2.53 | 8734万 | 2.20亿 | 7.231 | 8.387 | 4.919 | 7.000 | 60.000 |
| 84 | 300596 | 利安隆 | -0.86 | 29.84 | 353962 | 1062万 | 7.256 | 13.222 | -4.676 | 169.000 | 56.000 |
| 85 | 000886 | 海南高速 | -0.51 | 3.89 | 583.3万 | 2277万 | 7.285 | 13.836 | -5.817 | 19.000 | 48.000 |
| 86 | 601918 | 新集能源 | -1.32 | 3.00 | 918.7万 | 2767万 | 7.331 | 12.499 | -3.005 | 4.000 | 68.000 |
| 87 | 002634 | 棒杰股份 | -2.93 | 5.30 | 232.3万 | 1239万 | 7.341 | 10.337 | 1.351 | 77.000 | 56.000 |
| 88 | 300239 | 东宝生物 | -4.82 | 3.95 | 740.4万 | 2972万 | 7.383 | 10.593 | 0.961 | 103.000 | 37.000 |

图3-19　KDJ排序K值

历史行情.指标排序 沪深A股 日期: 2019-06-06,四 指标: KDJ(9,3,3) KDJ信号排序(9,3,3) 使用1000个数据 前复权 点右键

| | 代码 | 名称 | 涨幅% | 收盘 | 成交量 | 总金额 | K↓ | D | J | 买入日 | 卖出日 |
|---|---|---|---|---|---|---|---|---|---|---|---|
| 14 | 603218 | 日月股份 | 1.92 | 19.63 | 300.0万 | 5818万 | 87.999 | 77.240 | 109.516 | 153.000 | 131.000 |
| 15 | 600371 | 万向德农 | 10.04 | 14.03 | 6443万 | 8.89亿 | 87.949 | 77.458 | 108.931 | 109.000 | 67.000 |
| 16 | 600892 | 大晟文化 | -1.48 | 5.98 | 1037万 | 6279万 | 87.164 | 86.595 | 88.303 | 16.000 | 57.000 |
| 17 | 002885 | 京泉华 | 10.01 | 18.14 | 1953万 | 3.48亿 | 87.014 | 78.021 | 104.999 | 19.000 | 105.000 |
| 18 | 002822 | 中装建设 | -1.11 | 6.23 | 758.2万 | 4716万 | 86.645 | 84.674 | 90.585 | 18.000 | 300.000 |

图3-20　KDJ排序K值降序

同“买入日”栏目类似，单击项目“K”，就会进行升序或降序排列。按照KDJ指标的原则，K值的大小代表超买超卖的程度。这个排序表列出当日（2019.06.06）所有的股票的超买超卖指标，从强到弱或从弱到强。

例如：海南高速，处于极度超卖状态，K = 7.3，如图3–21所示。

图3-21　极度超卖K值

例如：大晟文化，处于极度超买状态，K = 87.2，如图3–22所示。

**本节提示：**

“历史行情·指标排序”的结果是一个股票行情列表，与我们最熟悉的股票行情列表的性质是一样的，只不过我们调整了列表的项目，列出的是我们想要的、自己制作的项目，用的工具就是股票公式。

图3-22　极度超买K值

## 第四节　历史行情·指标排序中日期的设置

上一节中举的例子的操作时间是2019.06.06，已经是过去了。我们现在能直接演示那一个结果吗?

能，我们可以自由地设定指标排序的当时日期（历史日期）。

**方法：**“历史行情·指标排序—右击—右键菜单—选择交易日—2019-06-06—确定”，如图3-23所示。

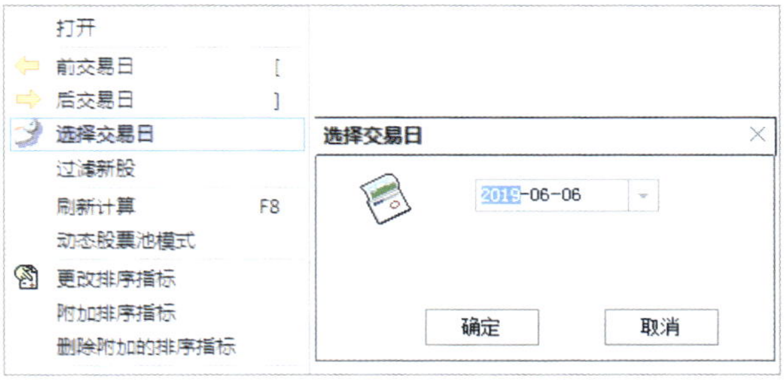


图3-23　排序右键菜单

这样，就把排序的时间点设置在2019.06.06，排序的结果当然就是：图3-13、图3-15、图3-17、图3-19、图3-20。完全重现历史当日的结果。

**注意事项：**在查看“指标排序”结果时，要注意上面标注的日期，看看是今日，还是过去的日期。如果不对，请用右键菜单修改指定日期。

## 第五节　历史行情·指标排序中使用自编的公式选股

把前面自编的“条件选股公式——大跌筑底回升”翻出来。当时，它的使用并不是很顺手。一是它不能在副图上显示出来；二是它只能选出今日符合要求的股票。如果想要看看前些天符合条件的股票，就得改公式，而且是固定日数区间的，90、55、10、8或其他数字，选出来之后，还要查看到底是在这个区间的哪一日符合条件。总之，会受限制。

现在，我们就来变一变，用“历史行情·指标排序”的方法来选出“大跌筑底回升”的股票。只要我们编写好适当的公式，就能很容易、很快捷地选出符合条件的股票。

### 一、编写适当的公式

原来的公式“大跌筑底回升”在“条件选股公式”组中，无法引入副图显示。要显示，就得把它放到“技术指标公式”组中。这并不难，只要在“技术指标公式”组中新建一个公式名称，把“大跌筑底回升”复制到其中即可。不同的公式组中，允许使用相同的公式名称。但为了讲解指示明确、减少误解，我们还是使用不同的名称。

方法：“公式管理器—用户—技术指标公式—特色型—新建”

公式名称：**大跌筑底升**（这里为了区别改个名称）。

公式描述：1年来大跌50%圆形底回升（描述一样，没问题）。

（公式内容相同，复制过去即可），如图3-24所示。

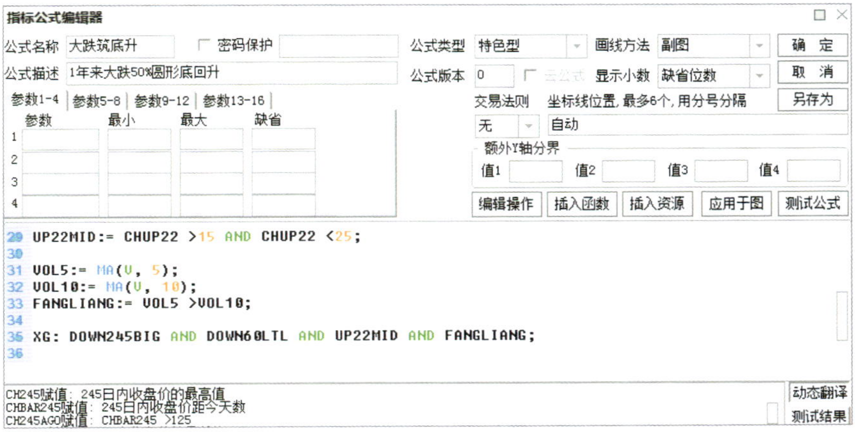


**图3-24　大跌筑底升**

这个公式的输出句，只有一句，就是最后一句（第35句）：

XG：DOWN245BIG AND DOWN60LTL AND UP22MID AND FANGLIANG;

它的输出值是1——符合条件，或者0——不符合条件，还只是一个普通的技术指标公式，不适合于“排序”。我们要把它修改一下，做成适合于排序使用的技术指标公式，叫作“排序公式”。

## 二、改编成适当的排序公式

刚刚做的公式符合基本的显示需要，但却不能做排序公式，因为它的输出只是“1或者0”。也就是在排序列表中出现一个“XG”栏目，其余的数值是1或0。含义是：今日符合条件，或今日不符合条件。还是仅针对今日的选股。

回看一下第二节中自编的排序公式**“KDJ信号排序”**。原来还是需要使用函数“BARSLAST”，用来给出从符合要求的那一日到今日的这段区间的日数。我们再依样画葫芦地改编出一个“大筑底升排序”公式，以适合用于指标排序方式选股。

“大筑底升排序”的含义是：大跌筑底回升排序。由于公式名称最多只能有15个字符，相当于7个半汉字，所以只能简化成这样的名称。

公式名称：**大筑底升排序**

公式描述：最近一段大跌筑底回升的开始日到今日的日数排序；

公式的前面部分，与“大跌筑底升”完全一样，只是把最后1句改写成如下语句：

XINHAO:= DOWN245BIG AND DOWN60LTL AND UP22MID AND FANGLIANG;

XHKAISHI:= XINHAO >REF(XINHAO, 1); { 信号开始处 }

筑底升: BARSLAST(XHKAISHI), COLORCYAN;

完成后，另存为，如图3-25所示。

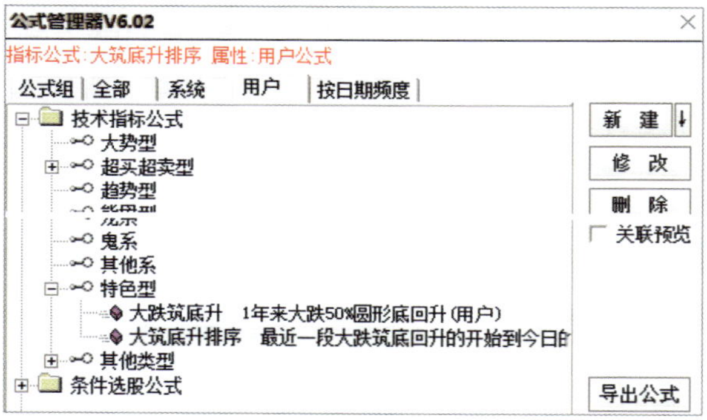


图3-25 大筑底升排序公式

到这里，你可能已经注意到了：对一个选股条件，需要两个公式，其中一个是显示公式，另一个是排序公式；两个公式都放在技术指标公式组中。先编写出显示公式，再在显示公式的基础上使用BARSLAST函数修改一下，就写成排序公式。这样，一般情况下，不必写“条件选股公式”。

## 三、添加“大跌筑底升”副图显示

在个股K线图画面中，点击副图空白处—输入DDZDS—选择“大跌筑底升”。

## 四、用“大筑底升排序”选股

把“大筑底升排序”添加到“历史行情·指标排序”中去。

**方法：**“.401”打开“历史行情·指标排序”画面—右击—右键菜单—“附加排序指标”—选择“大筑底升排序”—确定。程序即自动开始排序。数分钟后，显示出排序结果。点击“筑底升”项目，即可得到升序或降序排列的排序结果，也就是选股结果。数字的含义是：最近符合大跌筑底回升条件的一段K线中的第一条K线，到今日的K线数。我们使用的是日线数据，所以也就是日数，如图3-26所示。

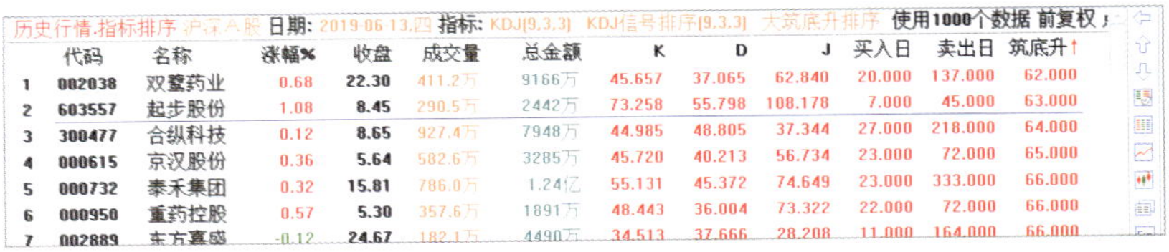

历史行情.指标排序 沪深A股 日期：2019-06-13,四 指标：KDJ(9,3,3) KDJ信号排序(9,3,3) 大筑底升排序 使用1000个数据 前复权

| | 代码 | 名称 | 涨幅% | 收盘 | 成交量 | 总金额 | K | D | J | 买入日 | 卖出日 | 筑底升↑ |
|---|---|---|---|---|---|---|---|---|---|---|---|---|
| 1 | 002038 | 双鹭药业 | 0.68 | 22.30 | 411.2万 | 9166万 | 45.657 | 37.065 | 62.840 | 20.000 | 137.000 | 62.000 |
| 2 | 603557 | 起步股份 | 1.08 | 8.45 | 290.5万 | 2442万 | 73.258 | 55.798 | 108.178 | 7.000 | 45.000 | 63.000 |
| 3 | 300477 | 合纵科技 | 0.12 | 8.65 | 927.4万 | 7948万 | 44.985 | 48.805 | 37.344 | 27.000 | 218.000 | 64.000 |
| 4 | 000615 | 京汉股份 | 0.36 | 5.64 | 582.6万 | 3285万 | 45.720 | 40.213 | 56.734 | 23.000 | 72.000 | 65.000 |
| 5 | 000732 | 泰禾集团 | 0.32 | 15.81 | 786.0万 | 1.24亿 | 55.131 | 45.372 | 74.649 | 23.000 | 333.000 | 66.000 |
| 6 | 000950 | 重药控股 | 0.57 | 5.30 | 357.6万 | 1891万 | 48.443 | 36.004 | 73.322 | 22.000 | 72.000 | 66.000 |
| 7 | 002889 | 东方嘉盛 | -0.12 | 24.67 | 182.1万 | 4490万 | 34.513 | 37.666 | 28.208 | 11.000 | 164.000 | 66.000 |

图3-26　大筑底升排序

打开其中一个股票的K线图，如图3-27所示。公式“大跌筑底升”显示出信号区段，从信号的第一条K线到今日的交易日数是63，正如排序公式“大筑底升排序”所显示的 “筑底升”数值63。

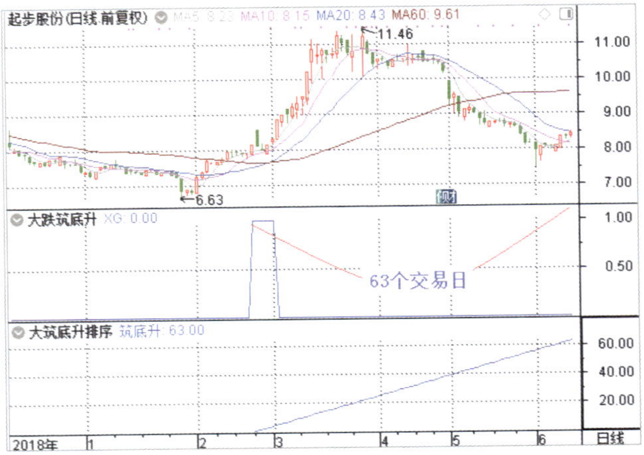


图3-27　大筑底升排序个股显示

为什么最近的信号出现日，竟然在62日之前？也就是最近的三个月（约60个

交易日），都没有信号出现。因为2019年初开始的上涨已经是大跌筑底回升完成的结果。如果我们以前能常常排序一下，就会在当时及时看到这些信号。

只要能够不断寻找新的规律、趋势或概率大的可能状况，把它们写成公式，就可以利用“历史行情·指标排序”找到信号出现的日期，作为操作的参考。

## 五、假如在2019.02.25，用“大筑底升排序”选股

选择右键菜单，将交易日设为2019-02-25，确定后，就会排列出2019.02.25当日的排序结果，如图3-28所示。可以看到起步股份排列在41位，“筑底日”为0，也就是当日有信号。

今日有信号的、1日前有信号的、5日前有信号的、8日前有信号的，等等，都会排列出来。

当然，也可以选择其他的日期，排序试试看，练习一下。

历史行情.指标排序 沪深A股 日期: 2019-02-25,一 指标: KDJ[9,3,3] KDJ信号排序[9,3,3] 大筑底升排序 使用1000个数据 前复权 点右

| | | | | | | | | | | | | |
|---|---|---|---|---|---|---|---|---|---|---|---|---|
| 40 | 603289 | 泰瑞机器 | 5.36 | 8.65 | 794.2万 | 6947万 | 78.428 | 73.723 | 87.839 | 105.000 | – | 0.000 |
| 41 | 603557 | 起步股份 | 3.27 | 8.20 | 1053万 | 8525万 | 89.518 | 87.990 | 92.575 | 13.000 | 62.000 | 0.000 |
| 42 | 603661 | 恒林股份 | 3.89 | 32.62 | 148.5万 | 4832万 | 88.882 | 82.968 | 100.708 | 52.000 | 20.000 | 0.000 |
| 43 | 603733 | 仙鹤股份 | 4.58 | 16.66 | 1099万 | 1.81亿 | 78.078 | 75.667 | 82.898 | 34.000 | – | 0.000 |
| 50 | 603898 | 好莱客 | 4.55 | 17.47 | 409.2万 | 7152万 | 67.801 | 66.127 | 71.148 | 35.000 | 273.000 | 0.000 |
| 51 | 002088 | 鲁阳节能 | 8.98 | 10.19 | 1149万 | 1.21亿 | 81.366 | 80.345 | 83.406 | 32.000 | 2.000 | 1.000 |
| 52 | 002293 | 罗莱生活 | 4.87 | 8.83 | 1010万 | 1.00亿 | 77.679 | 75.992 | 81.053 | 38.000 | 62.000 | 1.000 |
| 53 | 002759 | 天际股份 | 3.65 | 7.95 | 565.4万 | 4425万 | 89.230 | 80.760 | 106.169 | 142.000 | 200.000 | 1.000 |
| 98 | 603399 | 吉翔股份 | 5.44 | 11.43 | 1559万 | 1.75亿 | 80.485 | 79.443 | 82.568 | 103.000 | 1.000 | 5.000 |
| 99 | 603896 | 寿仙谷 | 2.95 | 35.98 | 476.3万 | 1.67亿 | 93.777 | 89.262 | 102.807 | 46.000 | 279.000 | 5.000 |
| 100 | 002582 | 好想你 | 3.04 | 9.16 | 1220万 | 1.11亿 | 81.254 | 79.449 | 84.864 | 31.000 | 3.000 | 6.000 |
| 101 | 300629 | 新劲刚 | 4.44 | 19.06 | 356.7万 | 6684万 | 52.930 | 53.106 | 52.578 | 112.000 | 362.000 | 6.000 |
| 102 | 603156 | 养元饮品 | 3.67 | 31.66 | 470.0万 | 2.19亿 | 81.965 | 78.448 | 89.001 | 129.000 | – | 6.000 |
| 103 | 300672 | 国科微 | 5.81 | 44.82 | 243.2万 | 1.07亿 | 78.660 | 74.075 | 87.831 | 101.000 | 215.000 | 7.000 |
| 104 | 000066 | 中国长城 | 3.56 | 7.27 | 1.37亿 | 9.94亿 | 89.215 | 88.277 | 91.091 | 32.000 | 2.000 | 8.000 |
| 105 | 002049 | 紫光国微 | 7.97 | 37.94 | 4415万 | 16.3亿 | 84.329 | 79.433 | 94.122 | 38.000 | 226.000 | 8.000 |

图3-28　大筑底升排序0225

**本章提示：**

（1）选股最好的方法是“历史行情·指标排序”；

（2）需要编写两个公式，都放在“技术指标公式”组中，一个用于显示，另一个用于排序；

（3）先写显示公式，排序公式根据显示公式稍加修改即可。

**本章问题：**

看来一切的关键在于编写公式了，有了好公式，可以起大作用。

# 第四章

# 股票公式编写基础

股票公式有复杂的，也有简单的，依其所描述情况的复杂或简单程度。举几个从简单到复杂的例子：

（1）是阳线；

（2）是阳线，并且上涨超2%、量是昨日两倍以上，昨日是阴线；

（3）是阳线，上涨、放量，昨日阴线，并且昨日是近半年以来的最低点，KDJ的D线在30以下；

（4）是阳线，上涨、放量，昨日阴线是近半年来的最低点，相对半年来的高点已经下跌了40%，并且没有跌停的情况，KDJ在D线的30以下，以及流通盘<4亿股，每股收益>0.3元。

例子1中，只对一条K线有要求，是阳线即可；

例子2中，只对两条K线有要求，并且增加涨幅和成交量的要求；

例子3中，又增加了对半年以来情况的要求，并且引入对KDJ指标的要求；

例子4中，又增加了半年最大跌幅在40%以上，并且半年内没有跌停发生，几乎对100余条K线都提出了要求，还增加了对股本大小和财务指标的要求。

这样的分析也给出了编写股票公式的思路：

复杂的要求 = 要求1 AND 要求2

把复杂的要求拆解成两个或数个中等的要求，再把中等的要求拆解成两个或数个简单的要求。写好各个简单的要求，再把它们合理组合起来，就成为解决复杂问题或复杂要求的公式。

所以，公式的编写从描述单条K线的特征开始；再把各条有关的K线的特征要求组合起来，做成组合特征要求；最后把各个相关的组合特征组合到一起，形成总的要求。

# 第一节　股票公式的句子格式

一个股票公式由句子组成。整个公式没有特别的要求，只要求所有的句子按次序排列。但句子有严格的格式要求，不符合要求的句子，是错的，不能执行。

## 一、句子的标准格式

一个标准的句子有四个部分：

| 部　分 | 1 | 2 | 3 | 4 |
|---|---|---|---|---|
| 说明 | 句子名 | 输出或赋值符 | 函数运算，或判断，或描述项 | 结束符 |
| 例 1 | M5 | := | MA(C, 5) | ; |
| 例 2 | M10 | := | MA(C, 10) | ; |
| 例 3 | M5M10 | : | M5(C, 5) + M10(C, 10) | ; |

（1）句子名：这个条目的名称，如例子中的M5、M10、M5M10。

（2）输出或赋值符：只有两个，一个是赋值符“:=”，表示仅仅给这个条目以赋值，但不输出；另一个是输出符“:”，表示给这个条目以赋值，并且输出、显示。

（3）函数运算或判断或描述项：包括需要的函数、参数、运算符（操作符）等内容。如例子中的MA(C, 5)、MA(C, 10)、MA(C, 5) + MA(C, 10)。

（4）;——结束符号。这个很重要，就一个，表示句子结束。

（5）句子名不能以数字开头；

（6）输出或赋值符、运算符（操作符）、函数项，都只能在半角英文状态输入。

（7）各个部分之间可以加入空格，可使阅读容易一些。

## 二、句子格式的变化

### 1.没有句子名

可以没有句子名，并省去第二项，只有后面两项。但这个句子会有两个限制。一是有输出，但没有输出名称；二是因为没有名称，所以无法被引用。

### 2.中间语句

中间语句也是标准语句，它使用赋值符“:=”，所以，它没有输出，但有数值或结果，并且可以被引用（仅仅能在本公式内引用。如果要引用到其他公式，必须使用输出语句）。

中间语句的一个重要作用是使画面整洁清晰。一个句子就是一个条目，如果都要输出，只要稍微复杂一些的公式，就会输出画出很多条线，弄得显示图眼花缭乱，没法看。所以，必须要用中间语句，避免这些不必要的输出，只保留必要的输出，使得画面整洁清晰。

中间语句的另一个作用是可以帮助我们把一个复杂的句子拆写成几个简单的句子，降低句子的编写难度和理解难度。

# 第二节　单条K线的描述

K线图上的一条K线包含有多少直接信息？直接信息指本身带有的信息，不需要计算或分析的。例如：开盘价O、收盘价C，就是直接信息；收盘价和开盘价的价差C−O，就是间接信息。

试着列出一条K线的直接信息，看看有多少。

## 一、单条K线的直接信息

在股票公式中，一条K线有多少直接信息呢？极多。以下简单列示了一些：

（1）四个基本价格：H、O、L、C；

（2）成交量V、成交额A；

（3）年、月、日、星期、小时、分钟，周期类型；

（4）到当时的K线数、到最后的K线数、总K线数、最后K线；

（5）代码、名称、行业、地区、概念、风格、板块；

（6）复权状态、总股本、流通股本、B股量、H股量、股东人数、总资产、流动资产、营业收入、营业利润、存货等各个财务指标；

（7）各个季度财务报表数据、股本情况、股东人数等；

（8）昨日收盘价、换手率、三种PE、振幅、涨幅、开盘金额等。

足足有几百项。可以说，我们能想得到的、合理的、合法的数据，全都有。

这些信息都可以利用股票公式相互联系起来，并形成新的信息，与我们设定的标准进行对照比较，准确快速地筛选全部股票或指定范围的股票，挑选出符合要求的所有个股，并给出列表。

## 二、单条K线形状的描述公式

一条K线包括实体、上影线、下影线。可以用公式来准确描述K线的形状，如图4-1所示。

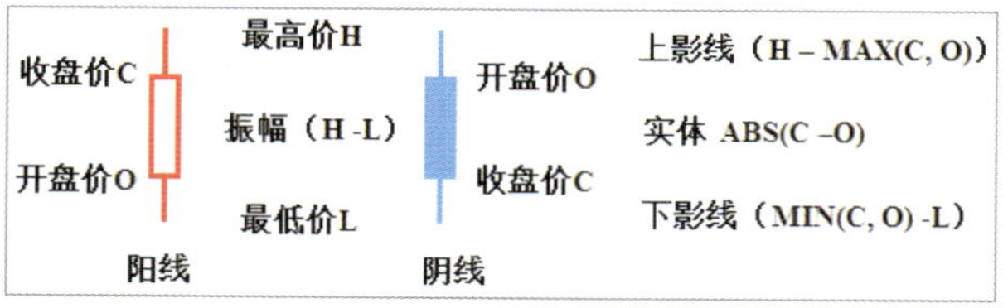


图4-1　K线的公式描述

### 1.阳线

YANG：C >O；

**2.阴线**

YIN：O >C；

**3.实体数值**

SHITISZ：ABS(C −O)；

单位：元。ABS是数学函数，表示绝对值。

**4.上影线数值**

SHANGYSZ：H −MAX(C，O)；

单位：元。MAX是选择函数，表示两个之中选大的。

**5.下影线数值**

XIAYSZ：MIN(C，O) −L；

单位：元。MIN是选择函数，表示两个之中选小的。

**6.振幅数值**

ZHENFUSZ：H −L；（单位：元）

**7.实体**

SHITI：ABS(C −O) /REF(C，1) *100；

**注意：**我们这里使用昨日的收盘价“REF(C，1)”为计算今日实体百分比的分母。

在有些计算中，会使用今日的收盘价（或今日的开盘价）做计算今日实体百分比的分母。那样的方法虽然简单，但是稳定性差，在10%的涨跌停板制度下，甚至可能出现22.22%的实体；或在涨停跌停的情况下，仅仅算出18.18%的振幅。不是很适当。所以，我们使用昨日收盘价做分母计算实体、上影、下影、振幅、涨幅、跌幅等。同时也理解其他的计算方法。

一般来说，讲到实体、上影、下影、振幅、涨幅等时，大多用到的是它们的百分数，很少用到它们的币值（元）。所以，当提到它们的币值时，会用“# #数值”来表明。

**8.上影**

SHANGYING：( H −MAX(C，O) ) /REF(C，1)*100；

**9.下影**

XIAYING：( MIN(C，O) −L ) /REF(C，1) *100；

**10.振幅**

ZHENFU：(H −L) /REF(C，1) *100；

**11.涨跌数值**

ZHANGDIESZ：C −REF(C，1)；( 单位：元。上涨时为正值；下跌时为负值 )

**12.上涨**

SHANGZHANG：C >REF(C，1)；

**13.下跌**

XIADIE：C <REF(C，1)；

**14.平盘**

PINGPAN：C =REF(C，1)；

**15.涨幅**

ZHANGFU：( C −REF(C，1) ) /REF(C，1) *100；( %，上涨时为正值；下跌时为负值 )

**16.跌幅**

DIEFU：( REF(C，1) −C ) /REF(C，1) *100；( %，下跌时为正值；上涨时为负值 )

**单条K线的极端情况：**

**17.涨停**

ZHANGTING：C >REF(C，1) *1.1 −0.01；

**注意：**对于标准的四舍五入来说，应是“−0.005”，而不是“−0.01”。但经常有复权的情况，复权可能会导致少数情况不准确，所以用“−0.01”会更适合一些。

**18.跌停**

DIETING: C <REF(C, 1) *0.9 +0.01;

**19.触及涨停**

CHUZT: H >REF(C, 1) *1.1 −0.01;

**20.触及跌停**

CHUDT: L <REF(C, 1) *0.9 +0.01;

**21.一字线**

YIZIXIAN: H =L;

**22.光头（光头等七类K线，见图4–2）**

GUANGTOU: H =MAX(C, O);

**23.光脚**

GUANGJIAO: L =MIN(C, O);

**24.T线**

TXIAN: H =C AND C=O AND H >L;

**25.倒T线**

TXIANDAO: C =L AND O =L AND H >L;

图4-2　各种特点的K线01

**26.长上影线**

SHANGYING:=(H −MAX(C, O))/REF(C, 1) *100;

CHANGSHY：SHANGYING >6；

**注意：**假设上影线 >6%为长上影。

**27.长下影线**

XIAYING:=（MIN(C，O) −L）/REF(C，1) *100；

CHANGXIAY：XIAYING >6；

**注意：**假设下影线 >6%为长下影。

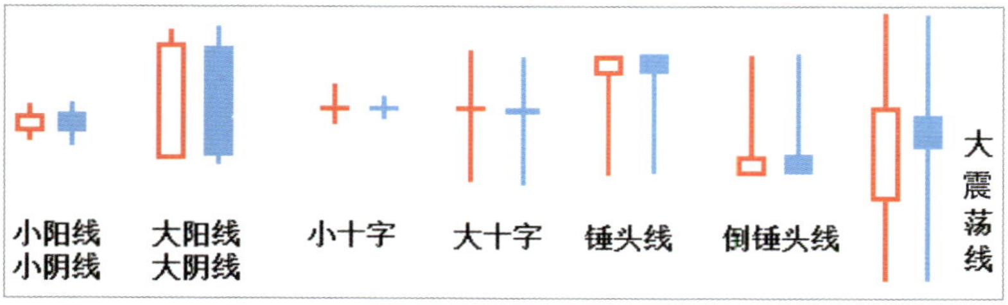


图4-3　各种特点的K线02

**28.小阳线、小阴线（小阳线、小阴线等七类K线，见图4–3）**

XIAOYANG：C >O AND (H −L)/REF(C，1) *100 <2；{假设振幅 <2%的阳线为小阳线。有时，人们会认为只要实体小就可以了，上影、下影线无所谓，这样的小阳线公式是：XIAOYANG：C >O AND ABS(C −O)/REF(C，1) *100 <2；}

XIAOYIN：O >C AND (H −L)/REF(C，1) *100 <2；

**29.大阳线、大阴线**

SHITI:= ABS(C −O) /REF(C，1) *100；

DAYANG：C >O AND SHITI >6；{假设实体 >6%的阳线为大阳线}

SHITI:= ABS(C −O) /REF(C，1) *100；

DAYIN：O >C AND SHITI >6；{假设实体 >6%的阴线为大阴线}

**30.小十字线**

ZHENFU:= (H −L) /REF(C，1) *100；

XIAOSHIZI：C =O AND ZHENFU <2；{假设振幅 <2%为小}

**31.大十字线**

ZHENFU:=(H -L)/REF(C, 1)*100;

DASHIZI: C =O AND ZHENFU >8;　{假设振幅 >8%为大}

**32.锤头线{假设：平顶、实体 <2%、下影 >6%}**

SHITI:= ABS(C -O)/REF(C, 1)*100;

PINGDING:= H =MAX(C, O);　{ 平顶 }

XIAYING:=( MIN(C, O) -L )/REF(C, 1)*100;

CHUITOU: SHITI <2 AND PINGDING AND XIAYING >6;

**33.倒锤头线 {假设：平底、实体 <2%、上影 >6%}**

SHITI:= ABS(C -O)/REF(C, 1)*100;

PINGDI:= L =MIN(C, O);　{ 平底 }

SHANGYING:=( H -MAX(C, O) )/REF(C, 1)*100;

CHUITOUDAO: SHITI <2 AND PINGDI AND SHANGYING >6;

**34.大震荡线**

ZHENFU:=(H -L)/REF(C, 1)*100;{ 振幅 }

DAZHF: ZHENFU >14;　{假设振幅 >14%为大震荡}

**用组合的方法，可以描述更细致、复杂的特征：**

**35.一字板涨停**

ZHANGTING:= C >REF(C, 1)*1.1 -0.01;{ 涨停 }

YIZIXIAN:= H =L;{ 一字线 }

YIZIZHANGTING: YIZIXIAN AND ZHANGTING;　{ 一字涨停 }

**36.光头光脚大阳线**

GUANGTOU:= H =MAX(C, O);{ 光头 }

GUANGJIAO:= L =MIN(C, O);{ 光脚 }

DAYANG:=(C -O)/REF(C, 1)*100 >6;{ 大阳 }

GTGJDAYANG: GUANGTOU AND GUANGJIAO AND DAYANG;

**37.几乎光头的大阳线（“模糊、折中”的例子）**

JIHUGUANGTOU:= H <MAX(C, O) *1.004; {仅仅不到0.4%的上影，几乎光头。}

DAYANG:= (C −O)/REF(C, 1) *100 >6;

JHGTDAYANG: JIHUGUANGTOU AND DAYANG;

**38.有上影、下影的中等阴线**

SHANGYING:= H >MAX(C, O);  {有上影}

XIAYING:= L <MIN(C, O);  {有下影}

SHITI:= ABS(C −O) /REF(C, 1)*100;  {实体}

SHITIZHONG:= RANGE(SHITI, 2, 6);  {实体中等}

YIN:= O >C;  {阴线}

SHXYINGZHONGYIN: SHANGYING AND XIAYING AND SHITIZHONG AND YIN;

**注意：**假设2%−6%的实体阴线为中等阴线。RANGE是引用函数，表示大小介于两个参数之间。

**关于成交量方面的数据：**

**39.成交量：VOL，简写：V**

单位：手。如果要换成亿股：V /100 /10 000

**40.成交额：AMOUNT，简写：AMO**

单位：元。如果要换成亿元：AMO /10 000 /10 000

**41.均价**

JUNJIA: AMO /100 /V;  （单位：元/股）

**42.换手率（%）**

HSL;

也可以用 DYNAINFO(37) *100；（DYNAINFO(37) 是即时行情函数：换手率比值）

也可以用 V *100 /FINANCE(7) *100；（FINANCE(7) 是关联财务函数：当时流通股本（股）。**注意：**FINANCE(7)是当时值，是历史上每个K线的数值；CAPITAL是现在值，并且把历史上各个点都设成现在的数值，不管在历史上当时是什么值；它们不能相互完全替代。

**43.长下影小阳线成交量三倍以上**

CHANGXIAYING:=(MIN(C，O) −L)/REF(C，1) *100 >6；{长下影}

XIAOYANG:= C >O AND (C −O)/REF(C，1) *100 <2；{小阳}

FANGLIANG3:= V /REF(V，1) >3；{放量三倍}

WANT1: CHANGXIAYING AND XIAOYANG AND FANGLIANG3；{这个要求的名字太长了，直接写中文、英文、拼音，都太长，超过15个字符的标准。所以，简称WANT1。}

**44.大震荡阳线，均价靠近最低价**

ZHENFUDA:= (H −L)/REF(C，1) *100 >14；{振幅大}

YANG:= C >O；{阳线}

JUNJIA:= AMO /100 /V；{均价}

JUNJIADI:= JUNJIA <L *1.03；{均价低：假设不超过3%为靠近}

WANT1: ZHENFUDA AND YANG AND JUNJIADI；

**45.大阴线换手率12%以上**

DAYINXIAN:= O >C AND (O −C)/REF(C，1) *100 >6；{大阴线}

DAHUANSHOU:= HSL >12；{大换手}

DAYINDAHS: DAYINXIAN AND DAHUANSHOU；{大阴线大换手}

## 三、句子编写的一些注意点

### 1.空格的作用

可能你已经注意到了，上面的公式中经常有空格，如“PINGDI: L =MIN(C, O);”之中就有三处空格。对公式规则来说，这些空格是不必要的，有或者没有都不影响公式的执行。我们在公式中加入空格的目的是在阅读和编写公式时，更有节奏感，也更容易辨认。

例如：JIHUPD: ( H −MAX(C, O) )/REF(C, 1) *100 <0.2; ( 几乎平顶 )

可以写成：JIHUPD:(H−MAX(C,O))/REF(C,1)*100<0.2; 看上去是一连串的字符，需要判断各个部分的开始和结束。

适当地加入空格，可以很自然地间隔开句子的各个部分，使阅读更加容易。

### 2.“模糊、折中”的作用

严格的平顶是最高价H =MAX(C, O); （H = 收盘价C和开盘价O两个中高的一个）。但是，盘中的价格变化是复杂的，有很大的偶然性，相差1分或几分钱，还算不算平顶呢？如图4−4所示。

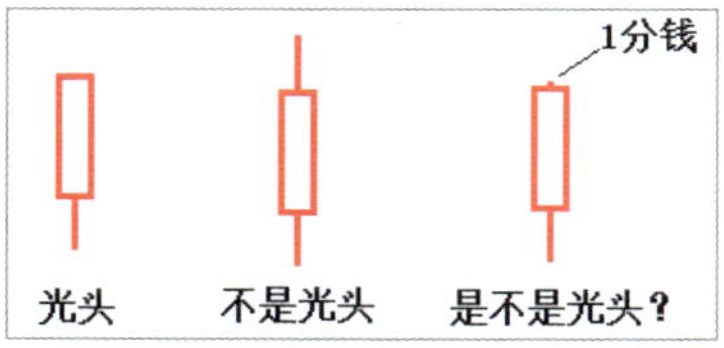


图4-4　模糊、折中K线

在图4−4中，第一条K线是平顶，第二条K线不是平顶，这不会有异议。但第三条K线就不那么简单了。想象一下：一天的交易中，只有一瞬间的一笔交易高了1分钱，而且也只有不多的手数，就可以否定掉整个交易日的平顶？所以，可以算，也可以不算。“折中、模糊”不是一个严重的问题，而是一个技巧问题。如果不熟练、没有必要或者缺少经验，完全可以不折中、不模糊。

再例如：实体8%为大实体。那么7.9%算不算大实体？对于一条K线，你可以简单地说不算。但是，对于一个要求“连续三条大实体K线”就不那么简单了。其中两条>8%，一条7.9%，算，还是不算？都可以。经验多了，也就灵活了。

**3.等于的情况**

还有，我们经常看到判断的标准是“>或<”，很少提到“=”。例如：>8%或<2%。那么“=8%或=2%”的情况呢？

对于绝大多数情况，这不是问题。因为最小的变化单位是1分或1手，变成百分比值时，很少是整数，都是有好几位的小数，所以，并不会影响判断。如果一定要超级严格，可以使用“>=”或“<=”。

**4.必须要考虑“等于”的情况**

对于这样的要求：“8日内有4日或以上阴线”，就要考虑“=”了。

需要写成：YIN:= O >C;

YINXIANDUO: COUNT(YIN, 8) >=4;（阴线多）

如果写成“>4”，含义就成了“5日或5日以上”，就不包含4日了。

遇到这类情况，我们往往这样写：

YIN:= O >C;

YINXIANDUO: COUNT(YIN, 8) >4 -0.2;

用“-0.2”做调节就行了。注意：这仅仅对日数判断上可用。

**本节提示：**

（1）一条K线含有极多的信息，包括：价格、时间、财务等；

（2）K线的形状可以用公式句子准确描述；

（3）写句子有技巧，如中间句，空格，模糊、折中等。

（4）句子之后的括号“{ }”或“（ ）”之中的内容不是句子的部分，仅仅是注释用的，帮助理解句子。其中的“{ }”的部分可以写到公式中，不影响句子执行；“（ ）”的部分不可以写到公式中。

**本节问题：**

这些句子能显示成图形吗？

# 第三节 公式、句子、图形

学习了许多公式或句子，总不能停留在文字阶段，满脑袋都是字符吧，那么抽象，不利于学习。总得想点儿办法，把它们与实际或者图形联系起来。

## 一、一个句子一个图形

公式中的每一个句子都可以是一个图形。如果我们要它输出显示时，就用“:”写成输出语句；如果不要它输出，就用“:=”写成中间语句，不显示。

**1.逻辑输出和数值输出**

这是两类最基本的输出。

逻辑输出也称为判断输出，输出结果只有2个：0或1。判断为真时，=1；判断为假时，=0。例如“YANG: C >O;”或“DAZHENFU: (H -L) /REF(C, 1) * 100 >14;”等。

当C >O时，YANG =1；当C <O或C =O时，YANG =0;

当 (H -L) /REF(C, 1) *100 >14时，DAZHENFU =1;

当 (H -L) /REF(C, 1) *100 =14或<14时，DAZHENFU =0;

数值输出，输出的结果是原始数值，或计算结果数值。例如：

C0: C; （C0表示当时收盘价）

ZHENFU: (H -L) /REF(C, 1) *100; （振幅%）

ZHANGFU: ( C -REF(C, 1) ) /REF(C, 1) *100; （涨幅%）

我们来看看它们所产生的图形。方法是：把它们写成公式，引入副图中去。因为我们经常要做练习，所以，可以把这些公式命名为：试1、试2、试3。

公式名称：**试1**

公式描述：逻辑输出、数值输出

YANG：C >O；

ZHANGFU：(C −REF(C，1))/REF(C，1) *100；

如图4−5所示。

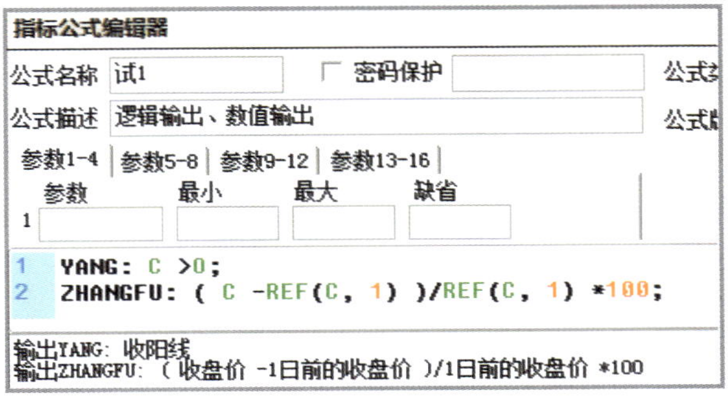


图4-5　逻辑输出和数值输出公式

把试1引入副图中，就可以看到它的图形，如图4−6所示。逻辑输出YANG是一条高低线，阳线时=1；阴线时=0；数值输出ZHANGFU是一条曲线，股价上涨时为正值，下跌时为负值，数值是涨跌的幅度。

图4-6　逻辑输出和数值输出显示

### 2.多条输出线的排列

试1的例子中仅有两条输出线，简单。

如果是有很多条输出线的公式，它们就会很乱，混杂在一起。例如，两条逻辑输出线，就会叠加在一起，干扰分辨；如果有更多逻辑输出线挤在一起，就没法看了。所以，必须要对输出线进行排列和选色。

选色，就是给不同的输出线选择不同的颜色，加以区分。我们可以用光谱的顺序来选择颜色：红、橙、黄、绿、蓝、紫，方便记忆。

排列，对逻辑输出线采取逐渐加高的排列方式。第一条+0.1，输出值变成0.1和1.1；第二条+0.2，变成0.2和1.2；第三条+0.3，变成0.3和1.3；第二组输出线，第一条+2.1，变成2.1和3.1；第二条 +2.2，变成2.2和3.2。

公式名称：**试2**

公式描述：输出线排列，选色

C0：C，COLORRED；{收盘价}

ZHANGFU：(C −REF(C，1))/REF(C，1) *100，COLORLIRED； {涨幅}

SHITI：ABS(C −O)/REF(C，1)*100，COLORGREEN；{实体}

SHANGYING：(H −MAX(C，O))/REF(C，1) *100，COLORBLUE；{上影线}

YANG:= C >O；{阳线}

YANGXS：YANG +0.1，COLORRED；{阳线显示}

DAZHANGFU:= ZHANGFU >8；{大涨幅}

DAZHANGFUXS：DAZHANGFU +0.2，COLORLIRED；{大涨幅显示}

DASHITI:= SHITI >8；{大实体}

DASHITIXS：DASHITI +0.3，COLORGREEN； {大实体显示}

DASHANGYING:= SHANGYING >6； {大上影}

DASHANGYINGXS：DASHANGYING +0.4，COLORBLUE； {大上影显示}

**注意：**{ }和其中的内容是说明用的，可以放在语句中，不影响语句的执行。

把公式试2引入副图中显示，如图4-7所示。

图4-7　输出的排列选色01

单击输出名称条目中的一个输出名，就会在它的线条上出现小黑点标记。图中就单击了“ZHANGFU”，所以，在涨幅线上出现指示小黑点。

即便是用了排列和选色的方法，经常也不能完全清晰地显示出这些输出线，因为坐标数值大时，会把小的数值线挤到一起，难以分辨。在本例中，涨幅可以在-10～10，上影线可以在0～20，则坐标的最大幅度为-10～20。所以，只有0或1的逻辑输出都被挤在一起。

解决的方法是：在编写的过程中，看一下数值输出的显示，合格后，就把它们改写成中间语句，不显示。这样就可以很好地显示逻辑输出了。

**问题：这样的解决方法会影响应用吗？**

不会，而且正好符合我们对公式的需要。我们所需要的结果一般都是：有、没有；超过、不超过，这样的逻辑判断式结果。涉及涨幅、程度、高低，也都是中间判断用的，正好符合中间句的方法。

在本例中，我们把前面四句数值语句都改成中间句，得到的显示结果如图4−8所示。

**图4-8　逻辑判断输出**

在图4−8中，阳K线处，YANGXS都是高点。但是，在左边的一字板涨停和T形涨停都没有被算成是阳线。如果我们要求把这样的线也当作阳线，可以写成：

YANG：C >O OR ( C =O AND C >REF(C，1) );

后半句的含义是：或者是收盘价等于开盘价，但价格上涨的K线。

在图4−8中，单击了“DAZHANGFUXS”，所以，这条线有小黑点标记，表示选中这个指标。在其他空白处单击一下，小黑点就会消失。

有大实体的K线处，DASHITIXS都在高位1.3；

有大上影的K线处，DSHANGYINGXS都在高位1.4。

在公式中，不用逻辑判断句本身输出显示，而是用+0.1、+0.2……逐渐加高的排列显示方法，使得每条逻辑判断线都能看清，相互没有重叠的部分。

## 二、加在图线上的文字说明

### 1.写几个字在图上

在需要的位置上写几个字作为说明，这件事我们在第一章中就做过。还记得公式“KDJ信号”吗？这里依样画葫芦就行了。

如果想在大实体K线处写说明，只需要在“DASHITIXS”句子之后加上一个写文字说明句子就行了，如：DASHITISM：DRAWTEXT(DASHITI，1.3，‘大实体’)，COLORGREEN；（其含义是：“大实体说明：当DASHITI 为真时，在1.3高度的位置上写‘大实体’，用绿色字”）。再把公式“另存为”试3。

把试3引入副图中显示，如图4-9所示。

图4-9　写几个字

### 2.写字写一次就行了，别太多

在上面的例子中还好，我们选的是写“大实体”。如果选的是“大涨幅DAZHANGFU”就麻烦了。图中的大涨幅有连续的三条K线，就会把“大涨幅”连续写三次，部分重叠在一起。为避免这样的情况，需要把写字的条件改动一下，让它只写在开始的第一条K线的位置。句子是：

DASHITISM：DRAWTEXT( DASHITI >REF(DASHITI，1)，1.3，‘大实体’ )，COLORGREEN；

写字条件改变成：大实体值比前一日值高。也就是只有昨日不是大实体并且今日是大实体的情况，才满足写字要求，接在后面的连续大实体，不标注。

如果要写“大涨幅”，可以在“DAZHANGFUXS”一句后，添加：

DAZHFSM：DRAWTEXT( DAZHANGFU >REF(DAZHANGFU，1)，1.2，‘大涨幅’ ),COLORLIRED；

另存为“试4”。就会只在大涨幅开始的K线处写“大涨幅”，对后面的连续大涨幅不写字。

将公式“试4”引入副图，如图4-10所示。

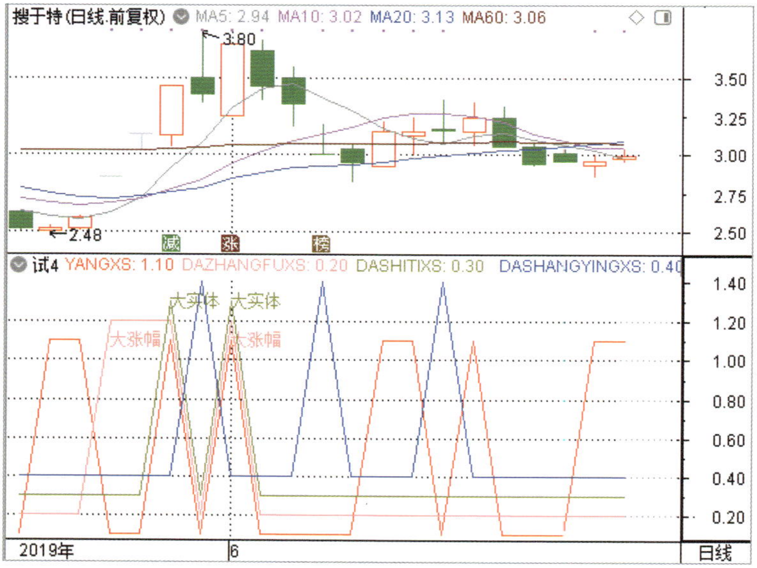


图4-10　写几个字2

**本节提示：**

（1）一个句子，就可以是一个输出、一条线。至于是否要输出，就看我们的需要了。

（2）多个逻辑输出时，可以用排列和选色的方法，把各条线分开显示，不重叠。

（3）如果需要，写几个说明文字上去，简单清楚。

## 第四节　相邻两条K线关系的描述

### 一、K线的顺序和名称

处理清楚两条或更多条K线之间的关系，关键点在于确认K线前后之间的顺序，给每条K线以适当的顺序名称。实际上，就是用适当的名称命名各个交易日的顺序。

我们可以选定历史上的任何一日，把它称为“当日”。以它为基准，向前数顺序就是“前第1日、前第2日、前第3日……”；向后数就是“后第1日、后第2日、后第3日……”。

但是，有时我们把历史上的某日也称为“今日”，以它为基准，把向前数的日子称为“昨日、前日、大前日……”；把向后数的日子称为“明日、后日、大后日……”。虽然这是不严谨的做法，但知道了也就不会有什么误解，也能明确描述交易日或K线的前后顺序。

我们尽量采用前一种做法，把选定日作为 “当日”，以它为基准“本日”，简称前面的顺序日为“前1、前2、前3……”；后面的顺序日简称为“后1、后2、后3……”。各个交易日的顺序名称就是：

“……前3、前2、前1、当日、后1、后2、后3……”。

同样，可以给各条K线排个顺序。我们选定一条K线为基准，把这条K线称作“本线”，则其前的K线从近到远，依次称为“前第1条、前第2条、前第3条……”，简称为“前1、前2、前3……”；其后面的K线依次称为“后第1条、后第2条、后第3条……”，简称为“后1、后2、后3……”。各K线的顺序名称就是：

“……前3、前2、前1、本线、后1、后2、后3……”。

我们经常以日线周期为例，所以，这两种方法都可以用。列出K线前后关系及顺序名称，如表4-1所示。

**表4-1 交易日和K线前后的关系及顺序名称**

| K 线名 | 前第 3 条 | 前第 2 条 | 前第 1 条 | 本线 | 后第 1 条 | 后第 2 条 | 后第 3 条 |
|---|---|---|---|---|---|---|---|
| 简称 | 前 3 | 前 2 | 前 1 | 当日 | 后 1 | 后 2 | 后 3 |
| 日顺序 | 前第 3 日 | 前第 2 日 | 前第 1 日 | 当日 | 后第 1 日 | 后第 2 日 | 后第 3 日 |
| 昨今明 | | 前日 | 昨日 | 今日 | 明日 | 后日 | |
| T 日顺序 | T − 3 | T − 2 | T − 1 | T | T + 1 | T + 2 | T + 3 |
| REF 参数 | 3 | 2 | 1 | 0 | — | — | — |
| REFX 参数 | — | — | — | 0 | 1 | 2 | 3 |

**注意：**REF和REFX为引用函数，REF是向前引用，如REF(C，1)是引用前一日的收盘价；REFX是未来函数，是向后引用，如REFX(C，2)是引用后第二日的收盘价。

**注意：**“前3”，指的是“前第3条”或“前第3日”，指的是一条线或一个交易日。其他名称也都一样。

**重要的技巧：**

（1）阳线可以写成 YANG：C >O；

则：当日阳线就是 YANG；（或今日）

前1阳线就是 REF(YANG，1)；（或昨日）

前2阳线就是 REF(YANG，2)；（或前日）

前3阳线就是 REF(YANG，3)；（或大前日）

（2）阴线可以写成 YIN：O >C；

则：当日阴线就是 YIN；

前1阴线就是 REF(YIN，1)；

前2阴线就是 REF(YIN，2)；

前3阴线就是 REF(YIN，3)；

（3）同样依样画葫芦，如果当日是 X；

则：前1是 X就写成 REF(X，1)；

前2是 X就写成 REF(X，2)；

前3是 X就写成 REF(X，3)；

## 二、两条相邻K线的描述公式

### 1.前1阴线，本线阳线并上涨

此为例1，例1–例3，如图4–11所示。

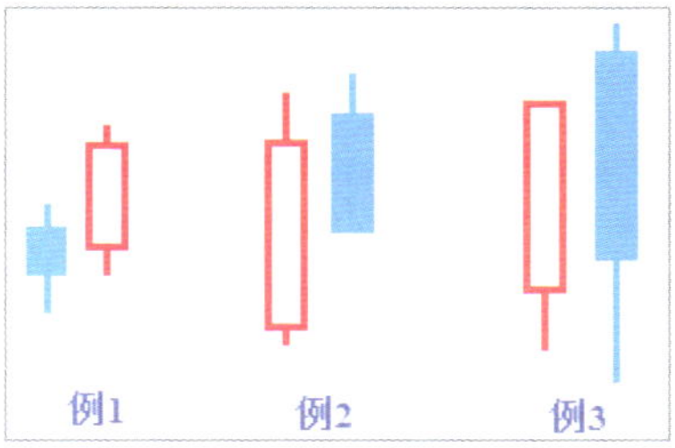


图4-11　例1、例2、例3

YINYANGZHANG：REF(C，1) <REF(O，1) AND C >O AND C >REF(C，1)；

还可以写成：

YIN:= C <O；

YANGZHANG:= C >O AND C >REF(C，1)；

YINYANGZHANG：REF(YIN，1) AND YANGZHANG；{前1阴 并且本线阳线上涨}

前一种写法对于两条K线时，还很容易；但是，存在多条K线时，就会很烦琐，第二种写法是比较好的写法，对于多条K线，也可以轻松应对。

也可以写成这样：

阴:= C <O;

阳涨:= C >O AND C >REF(C, 1);

昨阴今阳涨: REF(阴, 1) AND 阳涨;

用中文阅读时容易。但句子名用中文后，接下来引用它时，也都要写中文。就必须更加注意中文、英文输入状态的变换，因为，除了名称和说明以外，公式要求所有的输入都使用英文半角。

**2.前1大阳线，本线高开后、收下跌光脚阴线**

DAYANG:= C >O AND (C −O)/REF(C, 1) *100 >6;

GAOKAI:= O >REF(C, 1);

XIADIE:= C <REF(C, 1);

GUANGJIAO:= C =L;

YIN:= O>C;

昨日大阳今日光脚跌: REF(DAYANG,1) AND GAOKAI AND XIADIE AND C=L AND YIN;

**注意：**“昨日大阳今日光脚跌”指的是“前1大阳线、本线高开光脚阴线下跌”。但由于句名的字符数有16个的限制，所以，经常不得不简化句名。另外，最后一句中的“YIN”应该去掉，因为高开后下跌收盘，逻辑上一定是阴线；（当然，同时要去除一个“AND”）。不除掉也没有影响，仅仅是重复而已。

**3.前1涨停，本线高开3%以上、最低到跌停，收盘至少下跌5%**

ZHANGTING:= C >REF(C, 1) *1.1 −0.01;

OUP:= ( O −REF(C, 1) )/REF(C, 1) *100; { open up，开盘高开百分比 }

OUP3:= OUP >3; { 开盘高开 3%以上 }

CHUDT:= L <REF(C, 1) *0.9 +0.01; { 触及跌停 }

XIADIE:= ( REF(C, 1) −C )/REF(C, 1) *100;

XIADIE5:= XIADIE > 5;　{下跌高于 5%}

WANT: REF(ZHANGTING, 1) AND OUP3 AND CHUDT AND XIADIE5;

最后一句名字“WANT”。有时，把实际含义写成名字实在太长，不符合名字的规则。所以，更多的时候，只能使用“LA、LB、LC、VAR1、VAR2、VAR3、WANT1、WANT2、WANT3”等简单的名字。

**4.穿头破脚**

穿头破脚有两条K线，阴阳相反，前1的实体中等或以上，本线的实体更大，并且上下都超过前1，看起来就像本线把前1从头到脚都包含在内（上、下影不算）。如果出现在底部，预示可能反转向上，类似于图4-12中左边的三种形态；出现在顶部，预示可能会反转向下，类似于右边的三种。

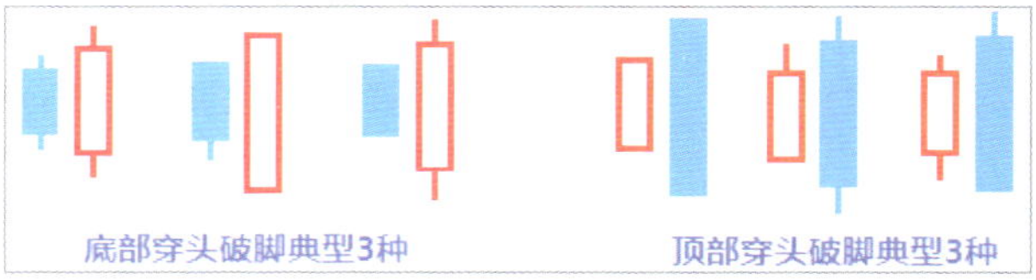


图4-12　穿头破脚

公式：**穿头破脚**

**{底部穿头破脚：}**

YIN:= O >C;　{阴线}

SHITI:= ABS(C -O) /REF(C, 1) *100;　{实体}

SHITIZHONG:= SHITI >3;　{实体中等以上}

YNSHITIZH:= YIN AND SHITIZHONG; {阴线实体中等以上}

YANG:= C >O; {阳线}

SHITIDA:= SHITI >4; {实体中上等}

YASHITIDA:= YANG AND SHITIDA; {阳线实体中上等}

CTPJDIBU：REF(YNSHITIZH，1) AND YASHITIDA AND C >REF(O，1) AND O<REF(C，1)，COLORRED；{穿头破脚底部：前1阴线实体中等以上 + 本日阳线实体中上等 +C高于前1O +O低于前1C ，画红色线。}

CTPJDIBUSM：DRAWTEXT(CTPJDIBU，0.9，‘底部穿头破脚’)，COLORRED；{底部穿头破脚说明}

**{顶部穿头破脚：}**

YASHITIZH：=YANG AND SHITIZHONG；{阴线实体中等以上}

YNSHITIDA：= YIN AND SHITIDA；{阳线实体中上等}

CTPJDING：REF(YASHITIZH，1) AND YNSHITIDA AND O >REF(C，1) AND C <REF(O，1)，COLORBLUE；{穿头破脚顶部：前1阳实体中等以上 + 本日阴线实体中上等 +O高于前1C + C低于前1O ，画蓝色线。}

CTPJDINGSM：DRAWTEXT(CTPJDING，1.1，‘顶部穿头破脚’)，COLORBLUE；{顶部穿头破脚说明}

RELINE1：IF(DAY =31，1.35，DRAWNULL)，COLORGRAY；{显示高度控制线}

把公式引入副图中，如图4–13所示。

公式的最后一句是用来控制显示高度的，它只是在日期为31日的K线处的1.35高度上，显示出一小段灰色线。如果去掉这句，“顶部穿头破脚”这几个字可能会显示不完整。可以试一试，去掉它或改成0.5、5，看看效果。

图4-13　穿头破脚显示

**软件系统自带的穿头破脚公式：**

```
OUT:(REF(CLOSE,1)/REF(OPEN,1)>1.03&&
CLOSE/OPEN<0.96&&
CLOSE<REF(OPEN,1)&&OPEN>REF(CLOSE,1))||
(REF(CLOSE,1)/REF(OPEN,1)<0.97&&
CLOSE/OPEN>1.04&&
CLOSE>REF(OPEN,1)&&OPEN<REF(CLOSE,1));
```

含义：输出顶部穿头破脚为前1阳线实体>3% +本线阴线实体>4% +C <前1O +O>前1C，或者低部穿头破脚为前1阴线实体>3% +本线阳线实体>4% +C >前1O +O <前1C。

**5.身怀六甲（孕线）**

身怀六甲有一长一短两条K线。前1 K线实体较长，本线K线短；前1 K线的实体完全超过本线K线的长度，如图4-14所示。

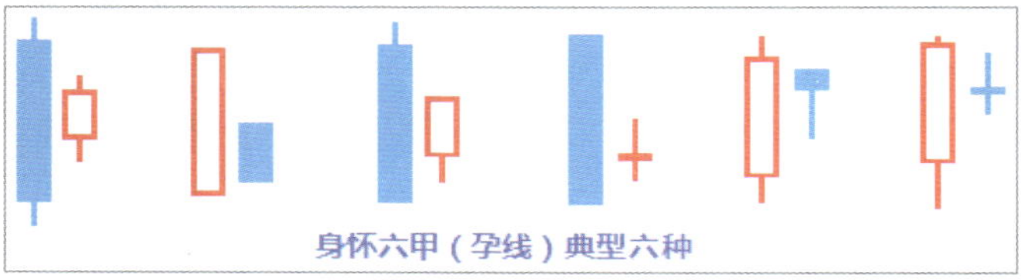


图4-14　身怀六甲

对这类线有两种观念。一种是严格的观念，认为本线需要完全在前1的实体内。另一种是折中的观念，认为上下影线仅供参考，只要本线实体在前1实体内即可，不必考虑影线。

**身怀六甲**（严格来说，后K线完全在前K线的实体内）：

SHITI:= ABS(C −O)/REF(C, 1) *100; {实体}

ZUOSHITIDA:= REF(SHITI, 1) >6; {昨日实体大（以6%以上为大实体）}

JINSHITIXIAO:= SHITI <1; {今日实体小（以1%以下为小实体）}

SHITIDING:= MAX(C, O); {实体顶部}

SHITIDI:= MIN(C, O); {实体底部}

ZUOBAOJIN:= REF(SHITIDING, 1) >H AND REF(SHITIDI, 1) <L; {昨日包含今日（实体包含全部）}

SHLJ: ZUOSHITIDA AND JINSHITIXIAO AND ZUOBAOJIN; {身怀六甲}

**身怀六甲**（一般来说，后K线实体在前K线实体内）：

SHITI:= ABS(C −O)/REF(C, 1) *100; {实体}

ZUOSHITIDA:= REF(SHITI, 1) >6; {昨日实体大（以6%以上为大实体）}

JINSHITIXIAO:= SHITI <1; {今日实体小（以1%以下为小实体）}

SHITIDING:= MAX(C, O); {实体顶部}

SHITIDI:= MIN(C, O); {实体底部}

ZUOBAOJIN:= REF(SHITIDING, 1) >SHITIDING AND REF(SHITIDI, 1) <SHITIDI; {昨日包含今日（实体包含实体）}

SHLJ: ZUOSHITIDA AND JINSHITIXIAO AND ZUOBAOJIN; {身怀六甲}

我们写的公式很麻烦，每步都写出来。但是清清楚楚、条理明晰。这样的练习和写法，有助于我们以后编写复杂的公式（可能包含上百句）。

当然，也可以写成很多软件中自带的样子：

```
KSTAR:ABS(REF(CLOSE,1)-REF(OPEN,1))/REF(CLOSE,1)>0.04&&
ABS(CLOSE-OPEN)/CLOSE<0.005&&
MAX(CLOSE,OPEN)<MAX(REF(CLOSE,1),REF(OPEN,1))&&
MIN(CLOSE,OPEN)>MIN(REF(CLOSE,1),REF(OPEN,1));
```

它使用当日收盘价为分母，没有停顿，没有空格，没有中间句，一个复杂句到底。（位置：公式管理器—系统—五彩K线公式—K220 身怀六甲。）

**注意："前本顺序法"和"昨今顺序法"：**

在上面的两个例子中，我们在讲K线顺序时使用了"前1、本线""昨日、今日"这些词。这是两种K线顺序讲解方法：

**（1）前本顺序法：**使用顺序词前3、前2、前1、本线（当日）、后1、后2……

**（2）昨今顺序法：**使用顺序词前日、昨日、今日、明日、后日……

这两种方法是等价的，但在一个公式的描述中，只应使用一种方法，不要混用。

### 6.曙光初现

曙光初现由阴阳两条K线组成，前1为中阴线或大阴线；本线为大阳线，并且开盘价为低开，收盘价高于前1阴线实体的中间，如图4-15所示。

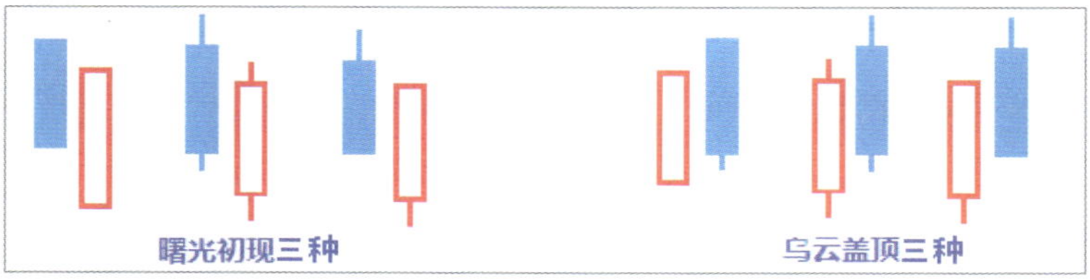


图4-15　曙光初现及乌云盖顶

YINZHONG:= O >C AND (O −C)/REF(C,1) *100 >4；｛阴线中等以上，>4%｝

YANGDA:= C >O AND (C −O)/REF(C, 1) *100 >6；｛阳线大，>6%｝

SHITIZHJIAN:= (C +O) /2；｛实体中间价位｝

DIKAI:= O <REF(C, 1)；｛低开｝

SGCX：REF(YINZHONG, 1) AND YANGDA AND DIKAI AND C >REF(SHITIZHJIAN, 1)；｛曙光初现：前1中阴线以上加本线大阳线加本线低开加本线收盘价高于前1的实体中间价位｝

当然，也可以写成软件自带的样子，如下：（位置：公式管理器 — 五彩K线公式 — SGCJ）

BACKSET(REF(CLOSE,1)/REF(OPEN,1)<0.97 AND CLOSE/OPEN>1.03 AND OPEN<REF(CLOSE,1) AND CLOSE>REF(CLOSE,1), 3);

含义：昨日阴线3%以上，今日阳线3%以上，今日低开，今日上涨；使用未来函数倒推3日。

**注意：**BACKSET是未来函数。这里的作用是将符合条件日和其之前日，一共3日设成逻辑为真，数值=1。

五彩K线公式可以使用在K线图的主图上，将符合其要求的K线用特别的颜色突出显示出来。**方法：**在K线图的主图区域，右击，使用右键菜单中的“系统指示—五彩K线指示、或专家系统指示、或删除所有指示—选择需要的公式”。即可在主图上显示这种公式的指示情况。

7.乌云盖顶

乌云盖顶由顺序的阳阴两条较大K线组成，第一条是中等以上的阳线；第二条是中等以上的阴线。第二条高开超过第一条的最高价，收盘价在第一条实体中间以下，并且下影线短，如图4-15所示。

YANGZHONG:= C >O AND (C -O)/REF(C, 1) *100 >4; { 阳线中等以上}

YINZHONG:= O >C AND (O -C)/REF(C,1) *100 >4; { 阴线中等以上 }

SHITIZHJIAN:= (C +O) /2; { 实体中间价位 }

GAOHKAI:= O >REF(H, 1); { 高于前1H开盘 }

XIAYINGXIAO:= ( MIN(C, O) -L )/REF(C, 1) *100 <1; { 下影线小 }

WYGD: REF(YANGZHONG, 1) AND YINZHONG AND GAOHKAI AND XIAYINGXIAO AND C<REF(SHITIZHJIAN, 1); { 乌云盖顶：昨日中等以上阳线加今日中等以上阴线加今日高开在昨日最高价以上加今日下影线小加收盘价在昨日实体中间以下 }

软件中自带的是这样的：

BACKSET( REF(CLOSE,1)/REF(OPEN,1)>1.03 AND CLOSE/OPEN<0.97 AND OPEN>REF(CLOSE,1) AND CLOSE<REF(CLOSE,1), 3);

含义：昨日阳线3%以上，今日阴线3%以上，今日高开，今日下跌；使用未来函数倒推3日。（与曙光初现正好相反）

**注意：**同样的名称，描述的K线结构和行情走势在大体上是相同的，但在小的细节上会有多种不同的描述，会有差异。这是因为涉及的市场不同、时段不同、品种不同（股票、期货、期权等）和行情特点不同。也有应用经验和习惯的因素。这是因为金融操作既是科学，也是艺术，要发展和培养自己的特色。

8.好友反攻

好友反攻由一条中等以上阴线和一条中等以上阳线组成，阳线的收盘价等于前面的阴线的收盘价，或者差不多（在±0.2%以内），就像是实体首尾相连的两条线，前阴后阳，如图4-16所示。

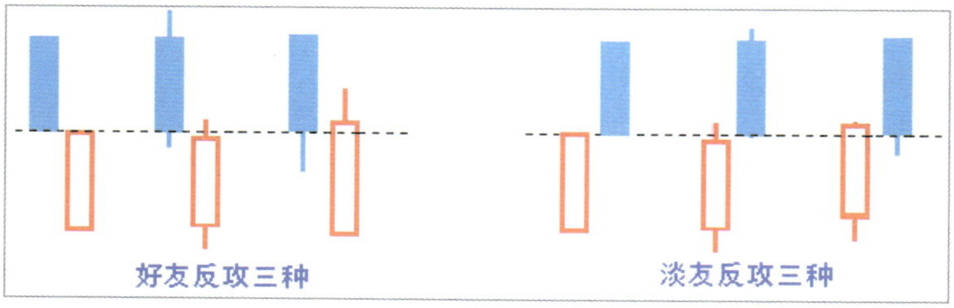


图4-16 好友反攻及淡友反攻

ZHONGK:= ABS(C −O)/REF(C, 1) *100 >4; { 中等以上K线，实体>4% }

YINZHONG:= O >C AND ZHONGK; { 阴线中等以上 }

YANGZHONG:= C >O AND ZHONGK; { 阳线中等以上 }

CXIANGJIN:= ABS( C −REF(C, 1) )/REF(C, 1) *100 <0.2; { C相近，相差<±0.2% }

HYFG: REF(YINZHONG, 1) AND YANGZHONG AND CXIANGJIN; { 好友反攻：昨日中等以上阴线 + 今日中等以上阳线 + 今昨收盘价相近 }

系统软件自带的好友反攻公式如下：

BACKSET( (REF(CLOSE,1)<REF(OPEN,1) AND CLOSE>OPEN AND ABS(CLOSE−REF(CLOSE,1))/CLOSE<0.002),2);

含义：昨日阴线，今日阳线，收盘价相差<0.2%，用未来函数BACKSET倒推2日。

### 9.淡友反攻

与好友反攻几乎是相反的，淡友反攻由一条中等以上阳线和一条中等以上阴线顺序组成，阴线的收盘价等于前面的阳线的收盘价，或者差不多（在±0.2%以内），就像是实体首尾相连的两条线，前阳后阴，阴线压在阳线上面如图4−16所示。

ZHONGK:= ABS(C −O)/REF(C, 1) *100 >4; { 中等以上K线，实体>4% }

YANGZHONG:= C >O AND ZHONGK; { 阳线中等以上 }

YINZHONG:= O >C AND ZHONGK; { 阴线中等以上 }

CXIANGJIN:= ABS( C −REF(C, 1) )/REF(C, 1) *100 <0.2; { 收盘价相近，相差<0.2% }

DYFG: REF(YANGZHONG, 1) AND YINZHONG AND CXIANGJIN; { 淡友反攻：昨日中等以上阳线 + 今日中等以上阴线 + 今昨收盘价相近 }

**注意：**有时，两个条件的相加会产生出附带的结果。如上面两个例子中，一条阴线和1条阳线的收盘价差不多，就产生了两条K线首尾相连的结果，一定是阴线在上阳线在下，无论哪一个在前。如果是两条阳线的收盘价差不多，那它们一定是并列的两条K线；两条阴线也一样，也是并列的。

10.跳空

向上跳空，如图4−17所示。

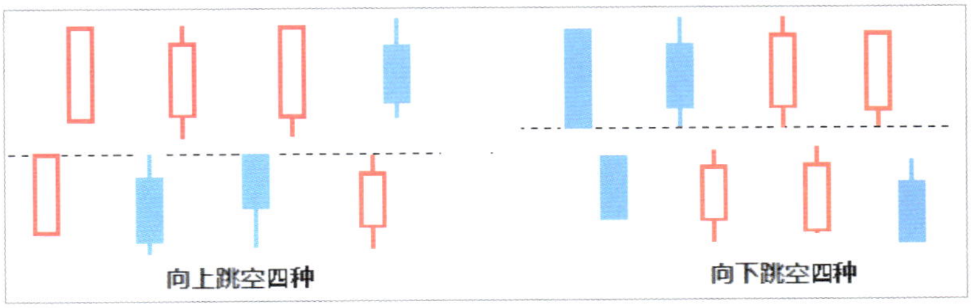


图4-17　向上跳空及向下跳空

TIAOKONGSHANG: L >REF(H, 1);

向下跳空：

TIAOKONGXIA: H <REF(L, 1);

在两条相邻的K线的关系上，跳空是最容易用数学来描述的。它只要求今日最低价>昨日最高价，或者今日最高价<昨日最低价，而对两条K线的形状没有要求。如果加上对K线形状的要求，那么，公式就要复杂一些了；

**注意：**有些软件系统中自带公式“条件选股公式——形态特征——W105 跳空缺口选股”中的公式是：HIGH<(REF(LOW,1)−0.001) OR LOW>(REF(HIGH,1)+0.001);

因为跳空包括向上跳空和向下跳空，所以公式将它们写在一起。但其中的“−0.001”和“+0.001”表明，这个公式显然不是仅仅对目前的A股市场的，因为A股市场的最小价格变化是0.01。这些软件自带的公式是对各种市场的，包括股市、期货、基金、期权、指数、外汇等。

如果要强调跳空差距大一些，可以加大这个跳空数值，如“±0.03”“±0.05”或收盘价的百分比数值等。

## 三、加上成交量变化的两条相邻K线的描述

如果有放量或缩量的要求，加入描述放量或缩量的语句即可。

### 1.成交量、换手率、成交额

成交量、换手率、成交额，这三个指标都可以用来表现量的含义，但我们推荐用换手率（HSL）。因为遇到送转股时，成交量（手）就有相互比较的困难；成交额（元）虽然没有困难，但数字太大，不适合显示；换手率（HSL）不受送转股影响，可以像“C、O、L、H、V”等一样直接使用，很方便。但要注意的是HSL已经是百分比值了。如换手率是16%，则HSL=16；换手率是0.8%，HSL=0.8。

所以，当需要比较量的变化时，推荐使用换手率（HSL）。但是，如果确实需要用成交量，还是直接使用VOL。

### 2.放量

指今日量高于昨日量。

FANGLIANG：HSL >REF(HSL，1)；｛放量｝

### 3.缩量

指今日量低于昨日量。

SUOLIANG：HSL <REF(HSL，1)；｛缩量｝

**4.放量3倍**

指今日量是昨日量的三倍以上。（注意：我们约定放量三倍是放大到三倍；而不是增加了三倍、达到四倍。这样的约定是为了讲起来简单。）

FANGLIANG3：HSL >REF(HSL，1) *3；｛放量三倍｝

**5.缩量3倍**

指今日量是昨日量的1/3以下。（注意：同样，我们约定缩量三倍是缩小到1/3。也是为了讲起来简单。）

SUOLIANG3：HSL <REF(HSL，1) /3；｛缩量三倍｝

举几个例子：

（1）好友反攻放量三倍

好友反攻的走势，今日量是昨日量的三倍以上。

ZHONGK：= ABS(C －O)/REF(C，1) *100 >4；

YINZHONG：= O >C AND ZHONGK；

YANGZHONG：= C >O AND ZHONGK；

CXIANGJIN：= ABS( C －REF(C，1) )/REF(C，1) *100 <0.2；

FANGLIANG3：= HSL >REF(HSL，1) *3；｛放量三倍｝

HYFGFL：REF(YINZHONG，1) AND YANGZHONG AND CXIANGJIN AND FANGLIANG3；｛好友反攻放量：昨日中等以上阴线 + 今日中等以上阳线 + 今昨收盘价相近 + 今日放量三倍｝

（2）淡友反攻缩量两倍

淡友反攻的走势，今日量是昨日量的1/2以下。

ZHONGK：= ABS(C －O)/REF(C，1) *100 >4；

YANGZHONG：= C >O AND ZHONGK；

YINZHONG：= O >C AND ZHONGK；

CXIANGJIN:= ABS( C −REF(C，1) )/REF(C，1) *100 <0.2；

SUOLIANG2:= HSL <REF(HSL，1) /2；｛缩量两倍｝

DYFGSL：REF(YANGZHONG，1) AND YINZHONG AND CXIANGJIN AND SUOLIANG2；｛淡友反攻缩量：昨日中等以上阳线 + 今日中等以上阴线 + 今昨收盘价相近 + 今日缩量两倍｝

**本节提示：**

（1）习惯写简单句、中间句，仅仅描写一个或两个特征；

（2）把简单句联系起来，描述多个组合特征。

# 第五节　连续三条K线关系的描述

## 一、描述的基本方法

描述多条K线的关系特征，有一个基本的方法：先描述各条K线的特征，再把它们加起来。例如：有五条K线，对它们的要求分别是E、D、C、B、A，如表4-2所示：

**表4-2　五条K线的要求和顺序**

| K　　线 | 前第4条 | 前第3条 | 前第2条 | 前第1条 | 本　　线 |
|---|---|---|---|---|---|
| 简称 | 前4 | 前3 | 前2 | 前1 | 当日 |
| 日顺序 | 前第4日 | 前第3日 | 前第2日 | 前第1日 | 当日 |
| 昨今明 | | | 前日 | 昨日 | 今日 |
| T日顺序 | T −4 | T − 3 | T − 2 | T − 1 | T |
| REF参数 | 4 | 3 | 2 | 1 | 0 |
| 要求 | E | D | C | B | A |

则站在当日这个基本点上看，五条K线的总的要求：

WANTALL：ref(E，4) and ref(D，3) and ref(C，2) and ref(B，1) and A；

**注意：**（1）在公式中，字母大写、小写是等价的，对含义和执行没有区别。上面的语句中用小写字母，是为了让要求“E、D、C、B、A”看起来更突出；

（2）一个对状态的描述，是站在一个确定的“基本点”上的。这个“基本点”就称为 “当日”或“本线”。

当然，这只是一个通用的基本方法。在有了经验和熟练了之后，能够把句子和公式写得更简单、直观、准确。

## 二、早晨之星

早晨之星由三条K线组成（如图4−18所示）。第一日，中大实体阴线；第二日，向下跳空开盘，成小实体星形K线；第三日，中大实体阳线，收盘价高于第一日的收盘价。（例如，万东医疗，2018.10.22）

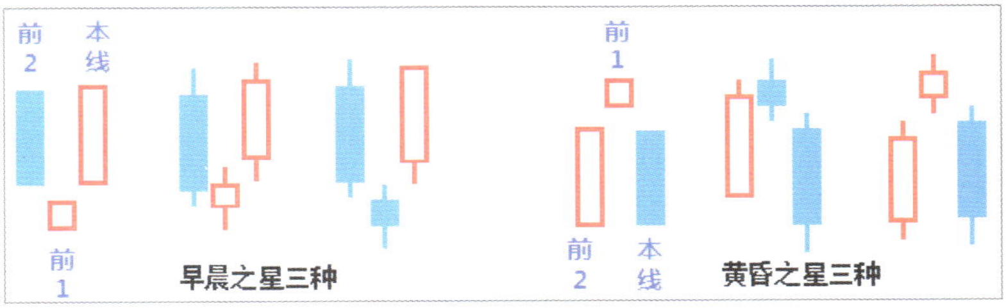


图4-18　早晨之星及黄昏之星

YINZHONG:= C <O AND ABS(C −O)/REF(C, 1) *100 >5;　{ 阴线中等以上 }

DIKAIXIAO:= O <REF(C, 1) AND ABS(C −O)/REF(C, 1) *100 <3; { 低开盘，实体小 }

YANGZHONG:= C >O AND ABS(C −O)/REF(C, 1) *100 >5;　{ 阳线中等以上}

CUPBF2:= C >REF(C, 2);　{ 收盘价高于前2收盘价 }

ZCZX: REF(YINZHONG, 2) AND REF(DIKAIXIAO, 1) AND YANGZHONG AND CUPBF2;　{ 早晨之星：前2中等以上阴线 +前1低开小线 +

当日中等以上阳线 + 当日收盘价高于前2 }

有些软件中自带的公式是：（在条件选股公式和五彩K线公式中都有）

STAR:REF(CLOSE,2)/REF(OPEN,2)<0.95&&

REF(OPEN,1)<REF(CLOSE,2)&&

ABS(REF(OPEN,1)-REF(CLOSE,1))/REF(CLOSE,1)<0.03&&

CLOSE/OPEN>1.05&&CLOSE>REF(CLOSE,2);

其特点是：直接用自身的开盘价和收盘价的比值来确认阳线、阴线、实体大小，不用中间句，一句写到底。

其含义是：

“REF(C，2)/REF(O，2) <0.95”指前2 C小于前2 O*0.95，自然是阴线，且实体>5%；

“REF(O,1)<REF(C,2)&& ABS(REF(O,1)-REF(C,1))/REF(C,1)<0.03”指O前1< C前2 + 前1实体<3%；

“C /O>1.05&&C>REF(C,2);”指当日C >O*1.05，自然是阳线，且实体>5% + 当日C >前2C。

## 三、黄昏之星

黄昏之星由三条K线组成，如图4-18所示。

前2，中大实体阳线；

前1，向上跳空开盘，呈小实体星形K线；

本线，中大实体阴线，收盘价低于前2的收盘价（例如，利亚德，2019.04.08）。

YANGZHONG:= C >O AND ABS(C -O)/REF(C，1) *100 >5； { 阳线中等以上}

GAOKAIXIAO:= O >REF(C，1) AND ABS(C -O)/REF(C，1) *100 <3；{ 高开盘，实体小 }

YINZHONG:= O >C AND ABS(C −O)/REF(C, 1) *100 >5; ｛阴线中等以上｝

CDNBF2:= C <REF(C, 2); ｛收盘价低于前2收盘价 （DN —— down）｝

HHZX: REF(YANGZHONG, 2) AND REF(GAOKAIXIAO, 1) AND YINZHONG AND CDNBF2; {黄昏之星：前2中等以上阳线 + 前1高开小实体线 + 本线中等以上阴线 + 本线C低于前2C｝

我们也可能会查阅到如下的写法：

黄昏之星由三根K线组成。为使结构简单，先采用中间表达式表示：A1：=OPEN；A2：=CLOSE；A3：=HIGH； B1：=REF（OPEN，1）；B2：=REF（CLOSE，1）；B3：=REF（HIGH，1）；B4：=REF（LOW，1）； C1：=REF（OPEN，2）；C2：=REF（CLOSE，2）；C3：=REF（HIGH，2）；C4：=REF（LOW，2）；……

综合：AA AND BB AND CC;

**注意：**这种写法，是不适当的。因为其中的替代，并没有带来任何的方便和好处；

**值得采用的替代法，如表4–3所示。**

**表4-3　值得采用的替代法**

| K　　线 | 前第 4 条 | 前第 3 条 | 前第 2 条 | 前第 1 条 | 本线 |
|---|---|---|---|---|---|
| 简称 | 前 4 | 前 3 | 前 2 | 前 1 | 当日 |
| 收盘价 | REF(C, 4) | REF(C, 3) | REF(C, 2) | REF(C, 1) | C |
| 收盘价简写 | C4 | C3 | C2 | C1 | C0 |
| 开盘价 | REF(O, 4) | REF(O, 3) | REF(O, 2) | REF(O, 1) | O |
| 开盘价简写 | O4 | O3 | O2 | O1 | O0 |
| 最高价 | REF(H, 4) | REF(H, 3) | REF(H, 2) | REF(H, 1) | H |
| 最高价简写 | H4 | H3 | H2 | H1 | H0 |

用C3代表REF(C, 3)，简洁明了，一看便知。同样，C25代表REF(C, 25)，L12代表REF(L, 12)，V6代表REF(V, 6)等。

## 四、红 三 兵

红三兵是三根阳线，依次上升，形成红三兵形态，如图4-19所示。

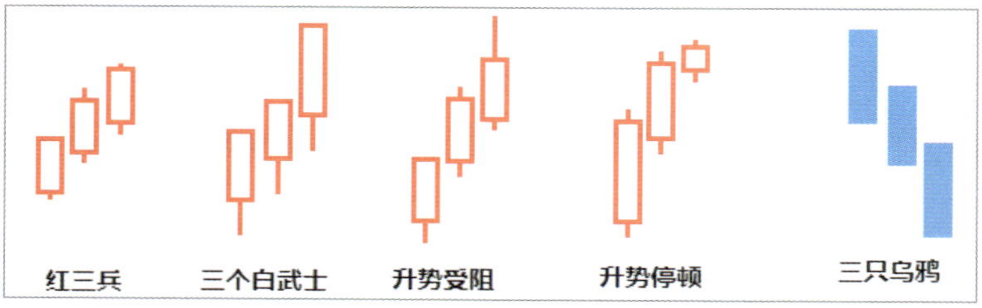


图4-19　红三兵　三个白武士　三只乌鸦等图形

一般认为，红三兵的三条阳线的实体都不大，所以称为兵。

YANGUP:= C >O AND C >REF(C, 1); {阳线上涨}

SHITIXIAO:= ABS(C −O)/REF(C, 1) *100 <4; {实体小}

YAUPSTX:= YANGUP AND SHITIXIAO; {阳线上涨实体小}

HSB: REF(YAUPSTX, 2) AND REF(YAUPSTX, 1) AND YAUPSTX; {红三兵}

例如，豫光金铅在2019年5月16日的K线图。

**注意：**这里假设前2的股价也是上涨的。

如果不要求前2的股价上涨，公式将是：

YANG:= C >O; {阳线}

SHITIXIAO:= ABS(C −O)/REF(C, 1) *100 <4; {实体小}

YASTX:= YANG AND SHITIXIAO; {阳线实体小}

UP:= C >REF(C, 1); {上涨}

YAUPSTX:= YASTX AND UP; {阳线实体小上涨}

HSB: REF(YASTX, 2) AND REF(YAUPSTX, 1) AND YAUPSTX; {红三兵：前2阳线实体小 + 前1阳线小实体上涨 + 本日阳线小实体上涨}

## 五、三个白武士

红三兵有三种变化形态，即三个白武士、升势受阻、升势停顿，如图4-19所示。

### 1.三个白武士

三个白武士形态基本与红三兵相似，不同的是每条阳线都较大，上升趋势更强。

### 2.升势受阻（前方受阻红三线）

升势受阻与红三兵有相似之处，不同的是三根阳线逐渐缩小，最后一根阳线的上影线特别长。

### 3.升势停顿

升势停顿与红三兵有相似之处，不同的是三根阳线也是逐渐缩小，特别是第三根阳线实体比前二根小得多。

三个白武士：

YANGUP:= C >O AND C >REF(C, 1); { 阳线上涨 }

SHITIDA:= ABS(C −O)/REF(C, 1) *100 >4; { 实体较大 }

YAUPSTD:= YANGUP AND SHITIDA; { 阳线上涨实体较大 }

SGBWS: REF(YAUPSTD,2) AND REF(YAUPSTD,1) AND YAUPSTD; {三个白武士}

（例如，精研科技， 2019.03.19）

**软件自带的“三个白武士”**

有些软件自带的三个白武士的公式，具体公式如下：

KSTAR:UPNDAY(CLOSE,3)&&NDAY(CLOSE,OPEN,3);

它的含义是最简单的：三日连续阳线并上涨。没有实体大小的要求。

UPNDAY是逻辑函数“连涨”，UPNDAY(C, 3) 就是C连涨三日；

NDAY是逻辑函数“连大”，NDAY(C, O, 3) 就是C >O连续三日。

不同的来源，可能描述会有差别，我们可以注意和理解这些差异。三条上升小阳线，称为红三兵；三条上升中等阳线，成为三个白武士；三条上升大阳线，可称为三个红将军。如果从大到中再到小，从将军到武士再到兵，当然是升势停顿了。

## 六、升势受阻

升势受阻与红三兵有相似之处，不同的是三根阳线逐渐缩小，最后一根阳线的上影线特别长。

YANGUP:= C >O AND C >REF(C，1)；{阳线上涨}

SHITIDA:= ABS(C −O)/REF(C，1) *100 >4；{实体较大}

YAUPSTD:= YANGUP AND SHITIDA；{阳线上涨实体较大}

SHITI:= ABS(C −O)；{实体}

STBIANXIAO:= SHITI <REF(SHITI，1)；{实体比前一个变小}

YAUPSTBX:= YANGUP AND STBIANXIAO；{阳线上涨实体变小}

SHANGYINGDA:=(H −MAX(C，O))/REF(C，1) *100 >4；{上影较大}

SSSZ：REF(YAUPSTD，2) AND REF(YAUPSTBX，1) AND YAUPSTBX AND SHANGYINGDA；{升势受阻：前2上涨大阳线 + 前1上涨阳线实体缩小 + 本线上涨阳线实体缩小上影线大}

（例如，奥飞数据，2018.07.09）

**注意：**前2，实体是较大的，所以是REF(YUPSTD，2)；前1和本线才是实体变小。

## 七、升势停顿

升势停顿与红三兵有相似之处，不同的是三根阳线也是逐渐缩小，特别是第三根阳线实体比前二根小得多（例如，中国医药，2018.08.29）。

YANGUP:= C >O AND C >REF(C，1)；{阳线上涨}

SHITIDA:= ABS(C -O)/REF(C, 1) *100 >4; {实体较大}

YAUPSTD:= YANGUP AND SHITIDA; {阳线上涨实体较大}

SHITI:= ABS(C -O);　{实体}

STBIANXIAO:= SHITI <REF(SHITI, 1); {实体比前一个变小}

YAUPSTBX:= YANGUP AND STBIANXIAO; {阳线上涨实体变小}

SHITIXIAO:= ABS(C -O)/REF(C, 1) *100 <1; {实体小}

SSTD: REF(YAUPSTD, 2) AND REF(YAUPSTBX, 1) AND YAUPSTBX AND SHITIXIAO; {升势停顿：前2上涨大阳线 + 前1上涨阳线实体缩小 + 本线上涨阳线实体缩小成小实体}

## 八、三只乌鸦

如图4–19所示，三只乌鸦由三条K线组成，连续阴线，连续下跌，中等以上实体，实体有部分重叠。（例如，分众传媒，2018.08.20）。

YIN:= O >C; {阴线}

DOWN:= C <REF(C, 1); {下跌}

SHITIDA:= ABS(C -O)/REF(C, 1) *100 >3; {实体中大}

YINDNSTDA:= YIN AND DOWN AND SHITIDA; {阴线下跌实体中大}

CHONGDIE:= O >REF(C, 1); {（阴线）实体重叠}

YINDNSTDACD:= YINDNSTDA AND CHONGDIE; {阴线下跌实体中大 + 实体重叠}

SZWY: REF(YINDNSTDA, 2) AND REF(YINDNSTDACD, 1) AND YINDNSTDACD;　{三只乌鸦：前2阴线下跌实体中大 + 前1阴线下跌实体中大重叠 + 本线阴线下跌实体中大重叠}

**注意：**前2与之前的K线，并没有要求实体重叠；仅要求前1和前2重叠、本线和前1重叠。另外，重叠的标准写法是：CHONGDIE:= MAX(C, O) >REF

( MIN(C，O)，1 ) OR MIN(C，O) <REF( MAX(C，O)，1 ) 。有时我们可以根据前后句子已有的限制，把句子简化一些。

软件也有自带的三只乌鸦公式，具体如下：

KSTAR:DOWNNDAY(CLOSE,3)&&NDAY(OPEN,CLOSE,3);

它很简单，就是连续3日下跌 + 连续3日阴线。

下面来看看更多条K线的情况。

## 九、上升三部曲

上升三部曲的基本要求是：由大小不等的五根K线组成；先拉出一根中等以上的阳线，接着连续出现了三根小阴线，但都没有跌破前面的开盘价，随后出现了一根中等以上阳线。其走势有点类似英文字母的“N”字，如图4–20所示。表4–4是多数软件中带有的“上升三部曲”公式。

表4-4　多数软件中带有的“上升三部曲”公式

| 上升三部曲公式 | 解　释 |
|---|---|
| SSSBQ: | 上升三部曲: |
| REF(CLOSE,4)/REF(OPEN,4)>1.03 AND | 前 4 阳线，实体 >3% + |
| REF(CLOSE,3)<REF(OPEN,3) AND | 前 3 阴线 + |
| REF(CLOSE,2)<REF(OPEN,2) AND | 前 2 阴线 + |
| REF(CLOSE,1)<REF(OPEN,1) AND | 前 1 阴线 + |
| REF(LOW,4)<REF(LOW,3) AND | 前 4 低价 < 前 3 低价 + |
| REF(LOW,4)<REF(LOW,2) AND | 前 4 低价 < 前 2 低价 + |
| REF(LOW,4)<REF(LOW,1) AND | 前 4 低价 < 前 1 低价 + |
| REF(HIGH,4)>REF(HIGH,3) AND | 前 4 高价 > 前 3 高价 + |
| REF(HIGH,4)>REF(HIGH,2) AND | 前 4 高价 > 前 2 高价 + |
| REF(HIGH,4)>REF(HIGH,1) AND | 前 4 高价 > 前 1 高价 + |
| CLOSE/OPEN>1.03 AND | 本线阳线，实体 >3% + |
| CLOSE>REF(CLOSE,4); | 本线 C > 前 4C。 |

典型的老老实实写公式，再一条一条地加起来。

图4-20　上升三部曲及下降三部曲

## 十、下降三部曲

下降三部曲是与上升三部曲反着来的，其特征是在股价下跌时出现一根实体较长的阴线，随后连续拉出三根向上走的实体较小的阳线。但最后一根阳线的收盘价仍比前一根长阴线的开盘价要底，之后就又出现一根长阴线，把前面的三根小阳线全部都吃掉了，并收在前长阴线之下，如图4-20所示。表4-5是多数软件中带有的“下跌三部曲”公式。

表4-5　多数软件中带有的“下跌三部曲”公式

| 下跌三部曲公式 | 解　释 |
|---|---|
| XDSBQ: | 下跌三部曲: |
| REF(CLOSE,4)/REF(OPEN,4)<0.97 AND | 前 4 阴线，实体 >3% + |
| REF(CLOSE,3)>REF(OPEN,3) AND | 前 3 阳线 + |
| REF(CLOSE,2)>REF(OPEN,2) AND | 前 2 阳线 + |
| REF(CLOSE,1)>REF(OPEN,1) AND | 前 1 阳线 + |
| REF(LOW,4)<REF(LOW,3) AND | 前 4 低价 < 前 3 低价 + |
| REF(LOW,4)<REF(LOW,2) AND | 前 4 低价 < 前 2 低价 + |
| REF(LOW,4)<REF(LOW,1) AND | 前 4 低价 < 前 1 低价 + |
| REF(HIGH,4)>REF(HIGH,3) AND | 前 4 高价 > 前 3 高价 + |
| REF(HIGH,4)>REF(HIGH,2) AND | 前 4 高价 > 前 2 高价 + |
| REF(HIGH,4)>REF(HIGH,1) AND | 前 4 高价 > 前 1 高价 + |
| CLOSE/OPEN<0.97 AND | 本线阴线，实体 >3% + |
| CLOSE<REF(CLOSE,4); | 本线 C < 前 4C。 |

也是典型的老老实实写公式，再一条一条地加起来。

**注意：**K线的大、中、小，仅仅是个模糊的概念，是相对比较而言的。一般来说：<1%是很小，1%–4%是小，3%–6%是中等，>5%为大。可根据适用原则，适当设定。

# 第六节　参数的使用

## 一、认识参数

公式的参数来自函数的参数。大多数函数都需要参数。例如：

（1）ISLASTBAR 是否最后一个周期。没有参数。

（2）BARSLAST 上一条件成立位置。

用法：BARSLAST(X)，有一个参数，为项目参数。

（3）MA 简单移动平均。

用法：MA(X，N)，有两个参数，“X、N”。X是项目参数，N是数字参数。

（4）SMA 移动平均。

用法：SMA(X，N，M)，有三个参数，“X”是项目参数，“N、M”是数字参数。

（5）FINDHIGH 寻找指定周期内的特定最大值。

用法：FINDHIGH(VAR，N，M，T)，4个参数。“VAR”是项目参数；其余是数字参数。

（6）KDJ公式有三个数字参数。

一般情况，在讲到参数时，仅仅是指“数字参数”。因为改变项目，就等于根本不同的公式；但改变数字，仅仅是数量上的变化，公式还是原来的公式，项目还是原来的项目。

## 二、现有公式参数的调整

这是对公式参数的小调整，使用的是“指标参数调整”窗口。就是在公式参数的原有范围内进行数值上下的调整。

**“Alt+T”或在主图、副图的指标数字上右击，出现“调整指标参数”菜单**（如果在主图的数字上右击，出现主图参数“调整指标参数”菜单，如图4–21所示）。

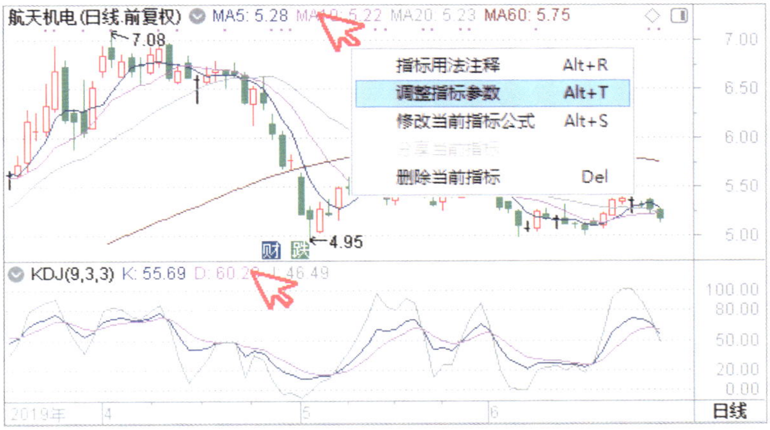


图4-21　调整指标参数

如果当时主图的指标是MA，它的参数调整窗口如下，如图4-22所示。

图4-22　MA指标参数

如果当时的副图指标是KDJ，它的参数调整窗口如下，如图4-23所示。

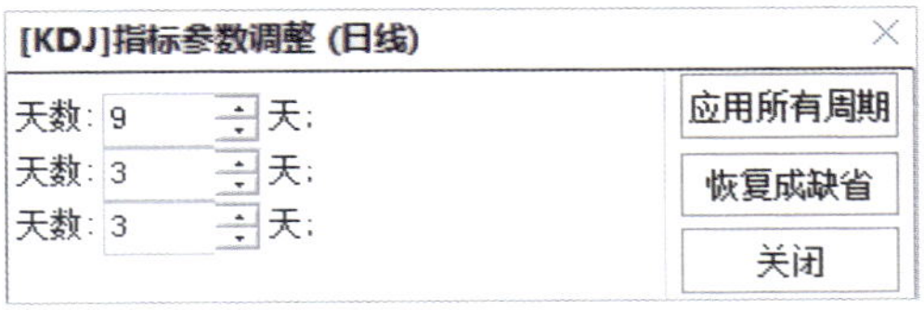


图4-23　KDJ指标参数

## 三、现有公式参数范围的改变

这是对现有公式的参数进行大的改变，包括修改“最小、最大”值，修改“缺省”值等。在“指标公式编辑器”中进行。

我们都记得KDJ公式，如图4-24所示。

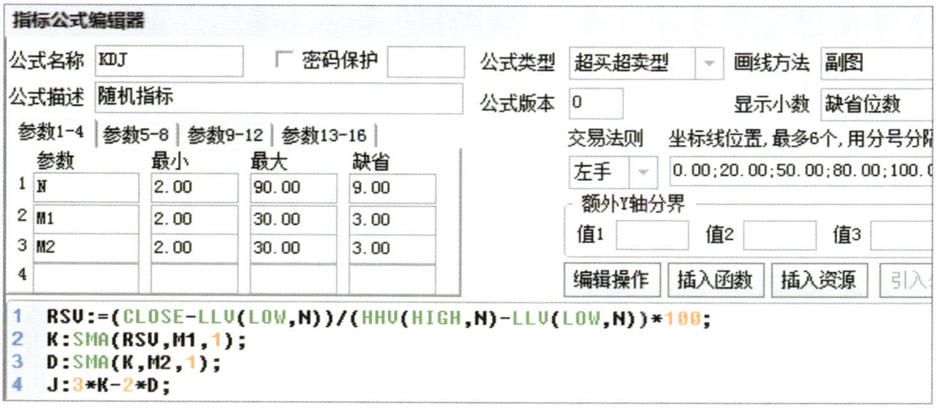


图4-24 KDJ指标参数范围

KDJ指标公式的三个参数的情况，如表4-6所示。

表4-6 KDJ的三个参数

| 参　数 | 最　小 | 最　大 | 缺　省 |
|---|---|---|---|
| N | 2.00 | 90.00 | 9.00 |
| M1 | 2.00 | 30.00 | 3.00 |
| M2 | 2.00 | 30.00 | 3.00 |

“最小”指可以设置的最小数值；“最大”指可以设置的最大数值；“缺省”指默认时的原始数值，也是“恢复成缺省”后的数值。参数可设置的范围就是从最小到最大。

在这里，参数设置的“最小、最大、缺省”数值，都可以修改。当然，进行的修改要合情合理才好。

**方法：**“指标公式编辑器”，直接改动“最小、最大、缺省”的数值。

**注意：**我们改动参数时，要注意到这个参数的含义。如：KDJ中的三个参数“N、M1、M2”都是指日数或K线数。所以，带有小数就没有意义了。但公式中能容忍这样的事，会自动向下（或向上）取整数，给出适当的数值。如：9.22、9.98，都会自动按照9执行。

如果这个参数的含义是K线震荡幅度的百分数值，那么，小数就有意义了，如2.0、2.35、12.55等，都是完全有意义的。

## 四、新编公式参数的设置

### 1.示例1：大换手率

设想一下我们要找大换手率的K线。可多大算是大换手率？一般认为8%以上就是大的了。可是，有些人认为以5%为标准合适；另有一些人认为12%以上才能算大。为了能适应这些不同的标准，我们把这个标准设为“N”（参数N），缺省值8，最小值2，最大值50。

公式名称：**大换手率**

参数：　N：　2，　50，　8；

DAHUANSHOU：HSL >N，COLORRED；

在“指标公式编辑器”中编写这个公式，如图4-25所示。

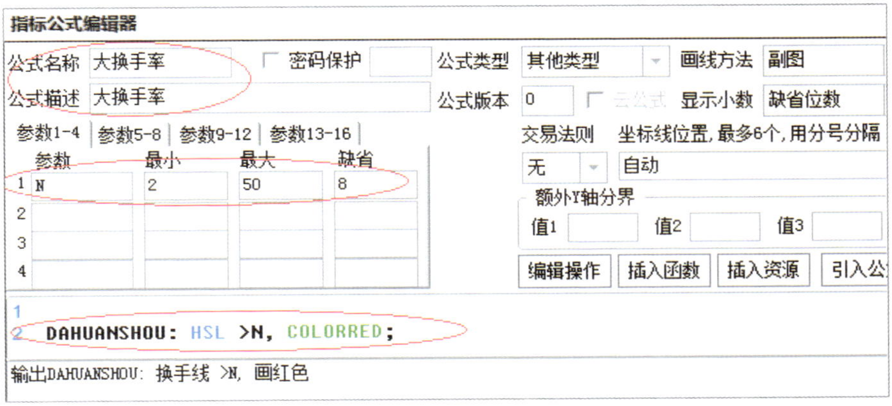


图4-25　大换手率

编写好这个公式后，就可以引入副图中，看看它的显示。如图4-26所示，可以看到，在副图1中显示4月份的前3日，是大换手率，超过8%。用副图2核对，只有这三日换手率超过8，其中两个超过10，一个接近10。

图4-26　大换手率显示

如果改动参数为4.5，在你刚刚填写好“4.5”时，副图中就已经显示出结果了，如图4-27所示。

我们再改成“2， 3， 10， 15”等，都可以立即看到结果。在这个例子中最高换手率数值约为13，所以，当改成15时，成为一条 =0 的直线，表示没有符合要求的K线。

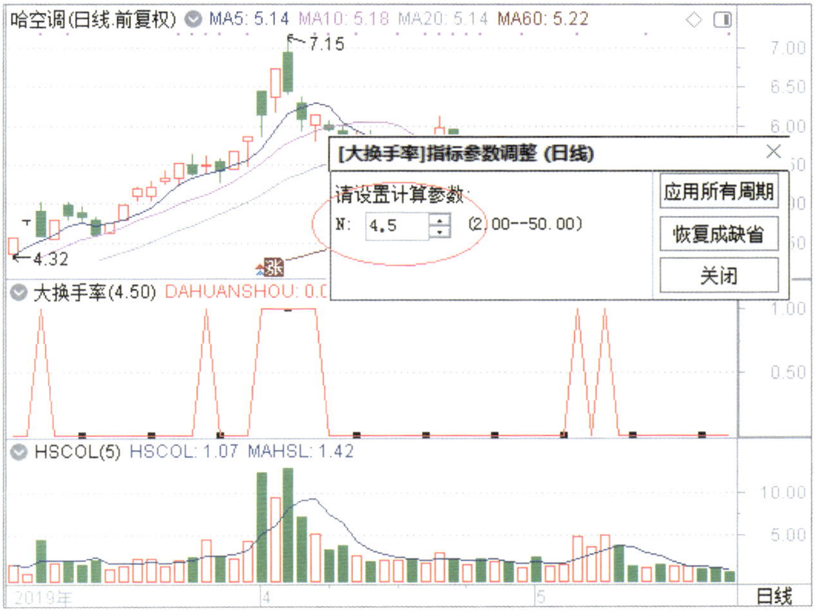


图4-27　大换手率显示 4.5

2.示例2：大换手大振幅

如果还想增加一些要求，要求振幅也要大，范围就算“1.5–20”，缺省6。我们再把公式写得漂亮点，能分别看出大换手率K线、大振幅K线、既有大换手又有大振幅的K线。

公式名称：**大换手大振幅**

参数：N：2，　50，　8；

　　　M：1.5，20，　6；

DAHUANSHOU:= HSL >N；{大换手}

DHSXS：DAHUANSHOU +0.1，COLORRED；{大换手显示}

ZHENFU:= (H –L)/REF(C，1) *100；{振幅（%）}

DAZHENFU:= ZHENFU >M；{大振幅}

DAZHENFUXS：DAZHENFU +0.2，COLORGREEN；{大振幅显示}

DHSDZF:= DAHUANSHOU AND DAZHENFU；{大换手 + 大振幅}

DHSDZFXS：DHSDZF +0.3，COLORBLUE；{大换手大振幅显示}

**注意：**有些句子中间空上一行，会有节奏感，就像写文章的段落一样。用“指标公式编辑器”编写，如图4-28所示。

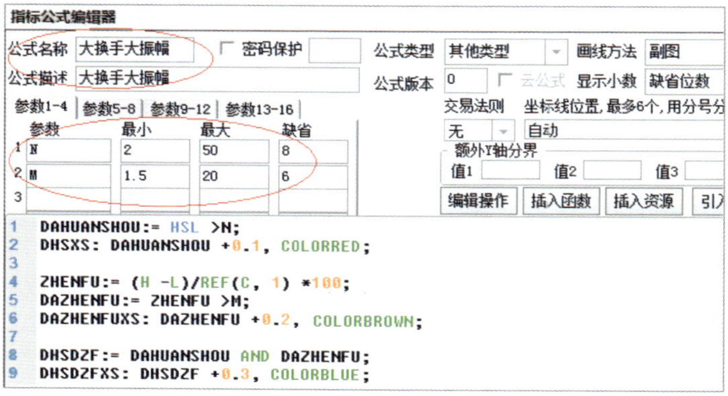


图4-28　大换手率大振幅

引入副图中显示，如图4-29所示。

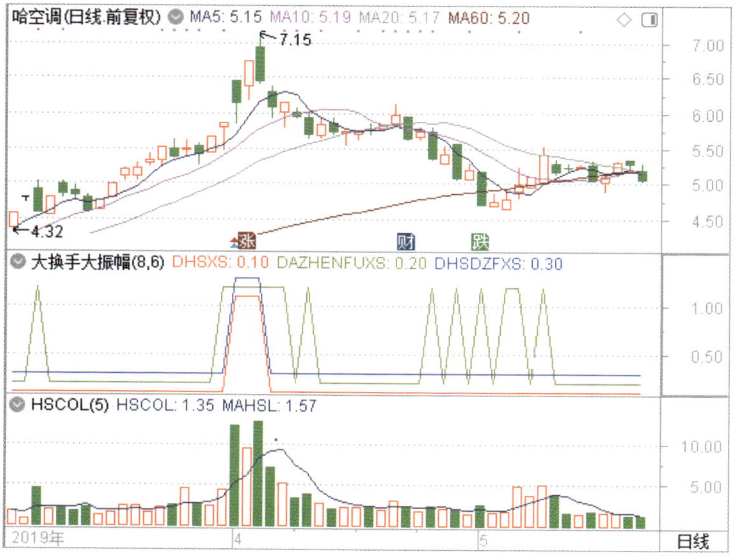


图4-29　大换手率大振幅显示

可以看到，由于使用了中间语句，把各条线各自加上0.1、0.2、0.3的数值，使得三条线各自分开排列显示；使用不同的颜色，使得三条线清晰显示。

红色指标线是大换手率 >8%，有峰处是 >8%的，只有三条K线；

绿色指标线是大振幅 >6%，有峰处是 >6%的，有很多条K线；

蓝色指标线是两者都符合的，既是大换手，又是大振幅，也只有三条K线。

我们可以看到副图中有公式名称“大换手大振幅（8，6）”，也就是这个公式有两个可调节的参数。可以用右键菜单，或“Alt+T”打开“指标参数调整”，边调整边观察副图显示。参数选的小，峰就多；参数大，峰就少；参数太大，就没有峰了，也就是没有符合要求的K线了。

**3.示例3：短期均线和长期均线**

MA是均线指标（移动平均线），时间短的均线称为短期均线，或快线；时间长的均线称为长期均线，或慢线。时间越短，变化越快，波动越大，跟踪性好，滞后性小，稳定性差；时间越长，变化越慢，波动越小，跟踪性差，滞后性大，稳定性好。

所以，人们经常有调整时间长短的要求。把时间的长短设置成参数，可以很容易地满足调整的需要，同时，把一般最常用的数值设为缺省值。

软件都自带有MA指标公式，一般都是用在主图中。现在，我们仿照它，做个用于副图的“均线4条”公式（注意：副图），如图4–30所示。

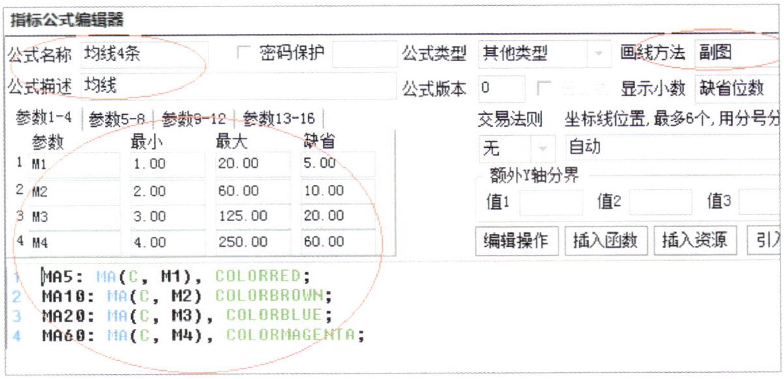


图4-30　均线4条

公式名称：**均线4条**

参数： M1： 1， 20， 5；

M2： 2， 60， 10；

M3： 3， 125， 20；

M4： 4， 250， 60；

MA5: MA(C, M1), COLORRED;

MA10: MA(C, M2) COLORBROWN;

MA20: MA(C, M3), COLORBLUE;

MA60: MA(C, M4), COLORMAGENTA;

与原来的公式相比，我们改变了参数“最小、最大”的设置。考虑的因素如下：

（1）最小设为0，没有含义；0条K线的均值？很怪；

（2）1 000条K线，四年的价格平均，不必要；

（3）按实际需要，设“最大”为20、60、125、250，分别相当于一个月、三个月、半年、一年；

（4）如果实在有更长的需要，那就按需要设置；或者设置第五条均线，或更多均线。

另外，此参数的含义是日数，或K线的条数，应该是正整数。如果不小心弄成小数，公式也能容忍，会自动向下取整数。

把公式引入副图，可以看到显示如图4-31所示。

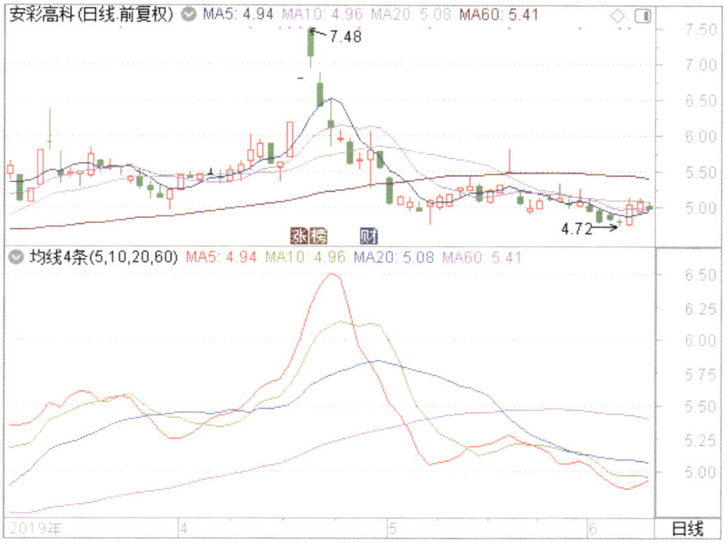


图4-31 均线4条副图

当然，可以用右键菜单来调整各个指标参数，如图4-32所示。

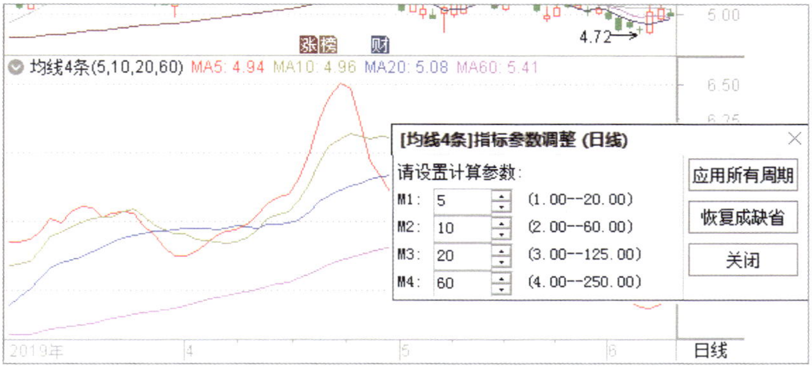


图4-32 均线4条副图修改参数

## 五、重新生成参数精灵

如果在“指标公式编辑器”中对一个已有的公式进行参数的修改，包括改动数值或增加新的参数，在“确定”时，系统会自动弹出“测试公式”对话框，询问："参数设置已更改，是否重新生成参数精灵？"。这时一般应选择"是（Y）"，如图4-33所示。

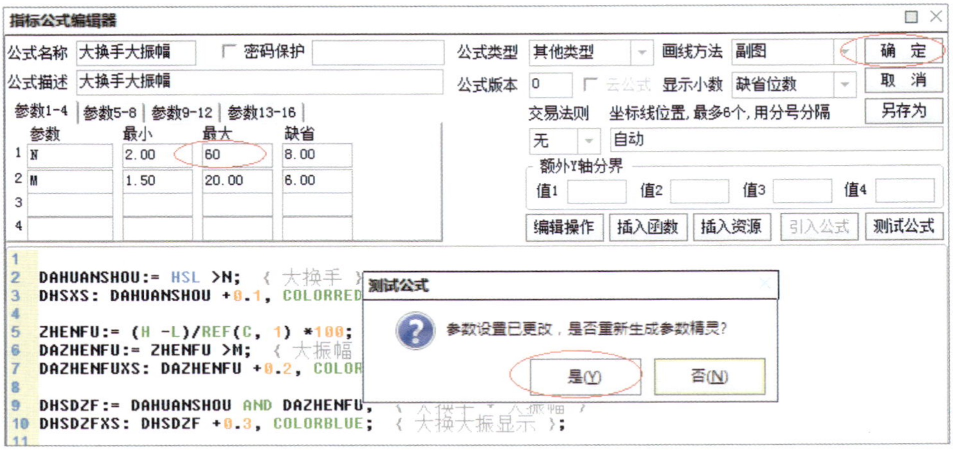


图4-33　重新生成参数精灵

现在，我们就会编写公式了，并且能使用参数。只要多加练习，一般的公式都不成问题了。

# 第五章

# 股票公式编写进阶

股票公式不但能解决快速选股的问题，还可以使得显示清晰、简洁、优美，并且显示出许多辅助信息。总之，每个股票现在和过去的走势、状况、特征，几乎都可以用适当编写的公式挑选出来和显示出来。这就是数字量化选股、显示的方法。

# 第一节　在重要的点上画标记

想一想，一个股票出现这样的情况（如图5-1中的情况）：

（1）一直没有3%以上的日涨幅，并持续一段时间；

（2）在这段时间内，累计的总跌幅已经大于18%。

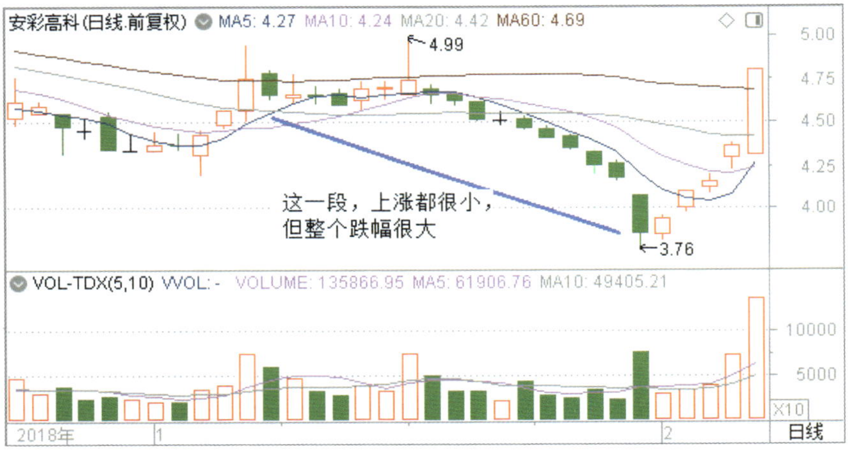


图5-1　无大涨、有大跌

我们可以编写一个公式来描述这样的情况。

## 一、单日无明显上涨的一段时间的总跌幅较大

这个名称太长，它描述了上面例子中的走势情况。明显上涨是个模糊数量，我们可以用参数来描述它：0.5%−10%，缺省值3%；最大的下跌幅度也可以用参数：8%−70%，缺省值18%。接下来，我们就来编写一下这个公式。在编写过程中，可以先用输出语句，每添加一句都看一下显示，就能看到每一句的显示图线或标记，再按需要改为中间语句。

公式名称：**无显涨有大跌**

公式描述：无单日明显涨，积累跌幅大

参数：ZFN：　0.5，　10，　3；（涨幅参数%N）

　　　DNM：　8，　70，　18；（下跌DN参数%M）

GONGSHI11：DRAWTEXT_FIX(CURRBARSCOUNT =50，0.01，0.4，0，'无显涨，有大跌')，COLORYELLOW；{公式11号的说明}

ZHANGFU:=(C −REF(C，1))/REF(C，1)*100；{涨幅}

ZHFXIAO:= ZHANGFU <ZFN；{涨幅小}

ZHFXQVJIAN：BARSLAST(ZHFXIAO =0)，COLORCYAN；{涨幅小连续持续的区间}

CHQVJIAN：HHV(C，ZHFXQVJIAN +1)，COLORRED；{涨幅小区间中C的最高值}

CHQJBAR:= HHVBARS(C，ZHFXQVJIAN +1)，COLORLIRED；{C的最高值的位置}

CLQVJIAN：LLV(C，ZHFXQVJIAN +1)，COLORGREEN；{涨幅小区间中C的最低值}

CLQJBAR:= LLVBARS(C，ZHFXQVJIAN +1)，COLORGREEN；{C的最低值的位置}

DNUPQVJIAN:= (CHQVJIAN −CLQVJIAN)/CHQVJIAN *100；{区间内涨跌幅}

DNQVJIAN：IF(CHQJBAR >CLQJBAR，DNUPQVJIAN，2)，COLORBROWN；{仅仅计算区间内是跌幅的情况，如果是上涨，设置为=2}

DNQJBIG:= DNQVJIAN >DNM; {区间内涨跌幅大}

DNQJBIGXS: DNQJBIG +2.2, COLORMAGENTA; {区间内涨跌幅大显示线}

WANT:= DNQJBIG >REF(DNQJBIG, 1); {要求：达到跌幅标准的第一条K线}

WANTXS: WANT +2.4, COLORBROWN; {要求显示线}

WANTIC: DRAWICON(WANT, 5.5, 25); {要求注明图标}

DNAREA: BACKSET(WANT, CHQJBAR +1), COLORLIRED; {下跌的区间}

DNDIAN:= DNAREA >REF(DNAREA, 1); {下跌开始处}

CHIC: DRAWICON(DNDIAN, 5.5, 15); {下跌开始处图标}

图5-2　无显涨有大跌01

把公式“无显涨有大跌”引入副图中，显示如图5-2所示。

上面这张图，有线条、有图标、有文字说明。但要看得清楚，确实让人为难。这是由显示线的相互干扰造成的。没有必要有那么多显示线，用中间语句把不必要的显示线或变化幅度太大的显示线去掉即可。

将上面的第“4，5，7，10，16”句，加上“=”，改成中间语句，再另存为“11号”即可。再将“11号”引入副图，即可得到清晰的显示，如图5-3所示。

图中内容的含义：

（1）11号公式，公式的说明是“无显涨，有大跌”；

（2）无显涨的默认缺省是日涨幅 < 3%；

（3）有大跌的默认缺省是积累跌幅 >18%；

（4）红色钻石图标，表示从这日开始符合“无显涨有大跌”的要求，也就是“注意点”，从这里可以考虑是否采取行动？持续时间到下面的紫色指示线回到低位为止（Magenta色）；

（5）图中小人跑步图标，表示积累大跌的开始日。

图5-3　11号公式

这样，就完成了编写一个公式的工作，并用图标标记重要的点和用文字做说明。

## 二、关于"用到未来数据"

**注意：**图中有"用到未来数据"的提示。它是说这个公式中用了未来函数，可能是"马后炮"。

这个公式中确实使用了未来函数，就是倒数第三句的"BACKSET"。但是这个公式却丝毫没有一点儿"马后炮"的含义和问题。因为这个公式要求符合点在"红钻石"图标标记处，从此处开始提示注意（提示点）。有了提示点，再向前BACKSET寻找起始点，只有当时和历史，没有任何对当时的将来提出的要求。所以，这个公式没有"马后炮"的问题。

未来函数是一类很重要的函数。使用未来函数并不一定就会带来不真实的意义。相反，未来函数的适当使用，可以正确地、直观地反映很多真实的情况。

"马后炮"公式的特征在于："提示点"或"信号点"在第一个"要求符合点"之前。也就是今日才刚刚符合它的要求，它却告诉你提示点或信号点在昨日或更早。有这个特征就是马后炮公式；没有这个特征，就不是马后炮公式。

**重要提示：**

公式中的字符都要求是英文半角状态下输入的，除名称、括号中的说明文字等。有时，在电子文档的保存过程中，可能会出现少数存错字符状态的情况，大多发生在英文括号"' '"和减号"－"上，可能会被错存为中文括号"‘’"和"—"，使得公式不能通过。可检查一下有英文括号的和减号的句子，修改即可。

# 第二节　公式的改进和完善

根据某个股票的某个走势特征，分析出其中的量化关键点，形成K线之间的关系模型，再编写成公式。在使用这个公式的过程中，可能会发现有缺点，这就需要对公式进行改进和完善。这是一个折中和综合考虑的事，增加条件或提高条件标准，就会减少满足要求的点（信号点或提示点），可能会漏掉一部分有参考价值的股票。相反，如果减少条件或降低条件标准，又会把一些没有价值的走势当作提示点或信号挑选出来。

所以，对公式的参数进行调整，或者对公式进行调整，是经常的和必要的，特别是当我们有了新的思路的时候。

**问题：前一个信号满意，后一个信号不满意**

在前面的11号公式显示结果中，我们对前一个信号（红钻石）感到满意，对后一个信号（红钻石）不满意。能否改进公式使得前一个信号仍然存在，后一个信号变得不成立?

分析两个信号的差异，在于前一个信号的开始下跌处（跑步图标）之前，没有很大的上涨；后一个信号的开始下跌处，之前的几日内上涨20%以上。如果我们增加一个条件：在开始下跌之前不能有明显的上涨。就可以消除掉后一个信号。

这个条件应该加在WANT那一句之前，并把这个条件加到WANT句子中。

**这个条件是：在开始下跌之前的4日中，涨幅小于10%。**

为了达到更高的要求，我们把它们也设成参数形式：在下跌之前的4日（2~10日）中，涨幅小于10%（3%~40%）。

下面我们就根据需要的改进来增加这个新的条件，做成11号公式的改进型，叫作“12号”（**注意：**在下面的书写中，新增加的或有改动句子在其后的括号中会注明“新增、改动”；无注明的句子是11号原来的句子）。

公式名称：**12号　（注意：先改名称）**

公式描述：前无大涨，无单日明显涨，积累跌幅大

参数：ZFN：　0.5，　10，　3；（涨幅参数%N）

DNM：　8，　70，　18；（下跌DN参数%M）

QDS：　2，　10，　4；（之前日数参数：前DayS；新增）

DZBZ：　3，　40，　10；（之前大涨标准参数：大涨标准；新增）

GONGSHI12: DRAWTEXT_FIX(CURRBARSCOUNT =50, 0.01, 0.4, 0, '无大涨，无显涨，有大跌'), COLORYELLOW; {公式12号的说明；改动}

ZHANGFU:=(C -REF(C, 1))/REF(C, 1) *100; {涨幅}

ZHFXIAO:= ZHANGFU <ZFN; {涨幅小}

ZHFXQVJIAN:= BARSLAST(ZHFXIAO =0), COLORCYAN; {涨幅小连续的区间}

CHQVJIAN:= HHV(C, ZHFXQVJIAN +1), COLORRED;

CHQJBAR:= HHVBARS(C, ZHFXQVJIAN +1), COLORLIRED;

CLQVJIAN:= LLV(C, ZHFXQVJIAN +1), COLORGREEN;

CLQJBAR:= LLVBARS(C, ZHFXQVJIAN +1), COLORGREEN;

DNUPQVJIAN:= (CHQVJIAN -CLQVJIAN)/CHQVJIAN *100; {区间内涨跌幅}

DNQVJIAN:= IF(CHQJBAR >CLQJBAR, DNUPQVJIAN, 2), COLORBROWN; {仅仅计算区间内是跌幅的情况，如果是上涨，就设为=2}

DNQJBIG:= DNQVJIAN >DNM; {区间内涨跌幅大}

DNQJBIGXS: DNQJBIG +2.2, COLORMAGENTA; {区间内涨跌幅大显示线}

C4DSQIAN:= REF(C, ZHFXQVJIAN +QDS), COLORBLUE; {之前4日的价格C；新增}

QIANZHF:= (CHQVJIAN - C4DSQIAN)/C4DSQIAN *100, COLORRED; {之前4日的涨幅；新增}

QIANZHFXIAO:= QIANZHF <DZBZ; {之前4日的涨幅小；新增 }

QIANZHFXXS: QIANZHFXIAO +2.3, COLORBLUE; {显示线；新增 }

WANT:= DNQJBIG >REF(DNQJBIG, 1) AND QIANZHFXIAO; {要求：达到跌幅的第一条K线，并且下跌前4日涨幅小；改动}

WANTXS: WANT +2.4， COLORBROWN; {要求显示线}

WANTIC: DRAWICON(WANT, 5.5, 25); {要求注明图标}

DNAREA:= BACKSET(WANT, CHQJBAR +1), COLORLIRED; {下跌的区间}

DNDIAN:= DNAREA >REF(DNAREA, 1); {下跌开始处}

CHIC: DRAWICON(DNDIAN, 5.5, 15); {下跌开始处图标}

**注意：另存为“12号”。**

将“12号”公式引入副图，也将“11号”公式引入副图显示，如图5-4所示。

图中可以对照“11号”和它的改进型“12号”的信号显示情况。

（1）增加了一条蓝色显示线，代表下跌之前4日的涨幅 <10%；

（2）说明变成“无大涨，无显涨，有大跌”，说明增加了之前无大涨的要求；

（3）在12号中，11号的后一个信号消失了，因为它不符合“之前无大涨”的要求；

（4）参数增加到4个（3，18，4，10）。当然，它们都是可以调整的。

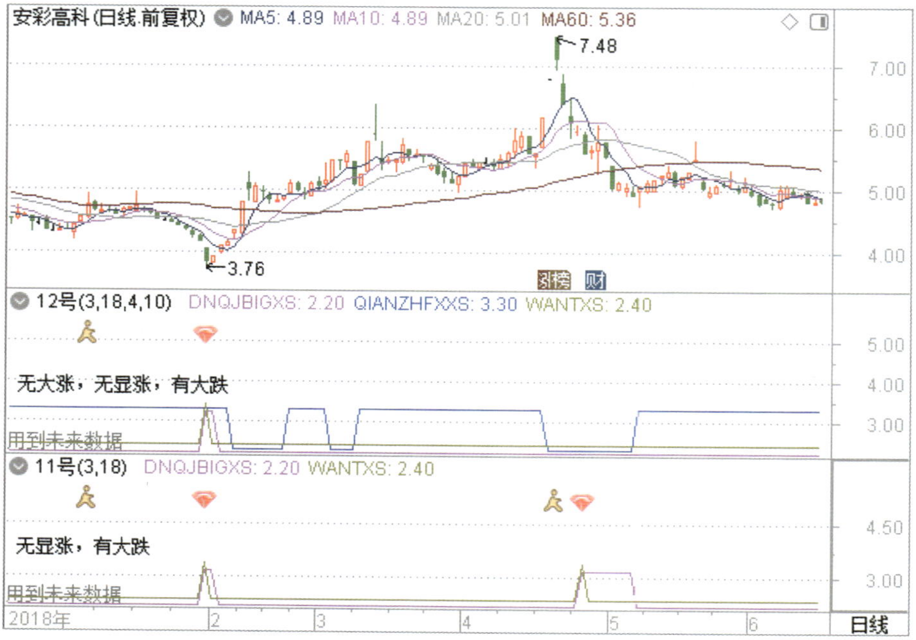


图5-4　12号与1号

这样就改进完善了一个公式。

## 第三节　较复杂公式的编写

双底反转是一种较为典型的走势。当个股走出W形双底形态，就需要注意了。在3 600多只股票中，要快速找到已经形成W形的股票，没有股票公式是难以做到的。有了专用的股票公式，几分钟内即可完成筛选，并且准确无误。

### 一、行情走势模型的建立

第一，要把W形双底模型化，画出它的大致形状，标出注意点（信号点、提示点）。

第二，把形状数字化，建立大约的数值范围和要求。

第三，设置参数和编写公式。在编写的过程中，要边编写、边显示，以查看各句子是否符合意愿；满意后，再编写下一句。同时把有干扰的、不必要的显示改成中间句。

第四，加上图标标记，或文字说明。也可以在第三步中就逐渐加入。

第五，必要时，调整标记图标位置的高低。完成显示公式。

第六，根据显示公式，改编成为排序公式。以备排序选股使用。

现在，我们来看前两步，如图5-5所示。

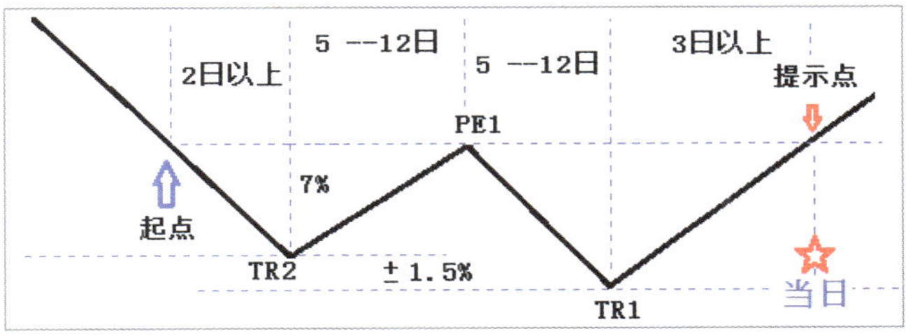


图5-5　W双底模型

W双底形的中间高点为峰1（PE1），近来的低点为谷点1（TR1），以前的低点为谷点2（TR2），以前一直低于PE1的开始点为起点，近来刚刚高于PE1的点为提示点（信号点）。

**一个重要的概念：当日、本日、当时**

编写公式的一个重要因素，就是选择和确定观察点，这观察点称作：当时、当日、本日。有了观察点，才能描述各个K线和各个特征点的前后位置关系。上图的观察点可以设在股价高出前高点PE1处，或以后几日。

观察点不同，可能会使得各特征点的名称改变。例如，在上图中，如果把当日放到TR1之前，PE1 还是PE1，但TR2就变成TR1了。

有时我们会把“今日”和“当日”混用，特别是在讲到两条或三条K线之间的关系时。要注意，别把这种习惯引到复杂公式的编写中。在公式编写中“今日”只有一个；“当日”有很多，每一条K线多可以做“当日”，或“当时”。

再回到W双底模型。模型中各个区段的时间范围2-12条K线（日），要求是一个缓和的、时间上成熟的W双底形，而不是一个突然跳上跳下的东西。峰1到两个谷点的幅度 >7%，要有足够的幅度。两个谷点相差 <1.5%，要求它们别太离谱。

## 二、按照走势模型编写公式

公式名称：**W双底**

公式描述：缓和的W双底

参数：GAO：　2，　50，　7；（W形中间%高度参数）

　　DICHA：　0，　20，　1.5；（W形两个底%差别参数）

　　DSS：　1，　20，　5；（W形中间两段的最短日数参数）

　　DSL：　2，　60，　12；（W形中间两段的最长日数参数）

GONGSHI25：DRAWTEXT_FIX(CURRBARSCOUNT =50，0.01，0.4，0，'W双底，高>7%，底差<1.5%')，COLORYELLOW；{公式25号的说明}

{一. 用C的6%ZIG作为基本框架来描述顶和底}

Z6C：ZIG(C，6)，COLORRED；{用6%的ZIG来描述顶和底}

{1. 谷的数值和谷的K线位置的日数}

TR1C6：TROUGH(C，6，1)，COLORLIRED；{谷1}

TR2C6：TROUGH(C，6，2)，COLORBROWN；{谷2}

TB1C6：TROUGHBARS(C，6，1)，COLORLIBLUE；{谷1的K线数}

TB2C6：TROUGHBARS(C，6，2)，COLORBLUE；{谷2的K线数}

{ 2. 峰的数值和峰的K线位置数目 }

PE1C6: PEAK(C, 6, 1), COLORMAGENTA; { 峰1 }

PB1C6: PEAKBARS(C, 6, 1), COLORMAGENTA; { 峰1的K线数 }

{二. 描述峰和谷、谷和谷之间的数量关系 }

{1. 峰1对谷2的升幅大于 GAO% }

PE1UPTR2:= (PE1C6 -TR2C6) /PE1C6 *100; { 峰1对谷2的上涨 }

PE1UPTR2BIG:= PE1UPTR2 >GAO; { 峰1对谷2的升幅大于 GAO% }

PE1UPTR2BXS: PE1UPTR2BIG +0.2, COLORRED; { 显示线 }

{2. 峰1对谷1的跌幅大于 GAO% }

PE1DNTR1:= (PE1C6 -TR1C6) /PE1C6 *100; { 峰1到谷1的下跌 }

PE1DNTR1BIG:= PE1DNTR1 >GAO; { 峰1对谷1的跌幅大于 GAO% }

PE1DNTR1BXS: PE1DNTR1BIG +0.3, COLORBROWN; { 显示线 }

{ 3. 谷2到谷1的相差 <1.5% }

TR1TOTR2:= ABS(TR1C6 -TR2C6) /TR1C6 *100; { 谷1对谷2的相差 }

TR1TOTR2XIAO:= TR1TOTR2 <DICHA; { 谷1对谷2的相差小 }

TR1TOTR2XXS: TR1TOTR2XIAO +0.4, COLORBLUE; { 显示线 }

{ "二" 的合计要求 }

WANT2:= PE1UPTR2BIG AND PE1DNTR1BIG AND TR1TOTR2XIAO; { 要求2 }

WANT2XS: WANT2 +0.5, COLORMAGENTA; { 显示线 }

{三. 描述峰和谷、谷和谷之间的K线数目（距离）关系}

{1. 峰1对谷2的K线数目（日数距离）}

```
PE1BARTR2:= TB2C6 -PB1C6;
PE1BTR2SHID:=RANGE(PE1BARTR2, DSS -0.2, DSL+0.2);
PE1BTR2SHIDXS: PE1BTR2SHID +2.2, COLORRED;
```

{2. 峰1对谷1的K线数目（日数距离）}

```
PE1BARTR1:= PB1C6 -TB1C6; {峰1对谷2的日数}
PE1BTR1SHID:= RANGE(PE1BARTR1, DSS -0.2, DSL +0.2); {峰1对谷2的日数5-12}
PE1BTR1SHIDXS: PE1BTR1SHID +2.3, COLORBROWN;
```

{“三”的合计要求}

```
WANT3:= PE1BTR2SHID AND PE1BTR1SHID; {要求3}
WANT3XS: WANT3 +2.4, COLORBLUE;
```

{四. W左边2日以上、右边3日以上}

{1. W左边2日以上}

```
C2BFTR2:= REF(C, TB2C6 +1); {谷2前2日的C}
C2BFTR2DI:= C2BFTR2 <PE1C6; {谷2前2日的C < 峰1 C}
C2BFTR2DIX: C2BFTR2DI +4.2, COLORRED;
```

{2. W右边3日以上}

```
TR1AF3:= TB1C6 >3 -0.2; {谷1之后3日 以上}
TR1AF3XS: TR1AF3 +4.3, COLORBROWN;
```

```
    {“四”的合计要求}
WANT4:= C2BFTR2DI AND TR1AF3; {要求4}
WNT4XS: WANT4 +4.4, COLORBLUE;

    {五. 股价收在W中间的峰之上}
WANT5:= C >PE1C6; {要求5}
WANT5XS: WANT5 +4.6, COLORMAGENTA;

    {六. 综合全部要求}
WANT:= WANT2 AND WANT3 AND WANT4 AND WANT5;
WANGXS: WANT +4.9, COLORRED;

    {七. 提示点(信号),参考起点}
XINHAO:= WANT >REF(WANT, 1) AND FILTER(WANT, 10); {只取第一个信号点}
XINHAOIC: DRAWICON(XINHAO, 6.7, 25);

QIDIANAREA:= BACKSET(XINHAO, TB2C6 +2); {起点区域}
QIDIAN:= QIDIANAREA >REF(QIDIANAREA, 1); {起点:区域的第一个}
QIDIANIC: DRAWICON(QIDIAN, 6.6, 15); {起点图标}
```

把公式“W双底”引入副图,如图5-6所示。

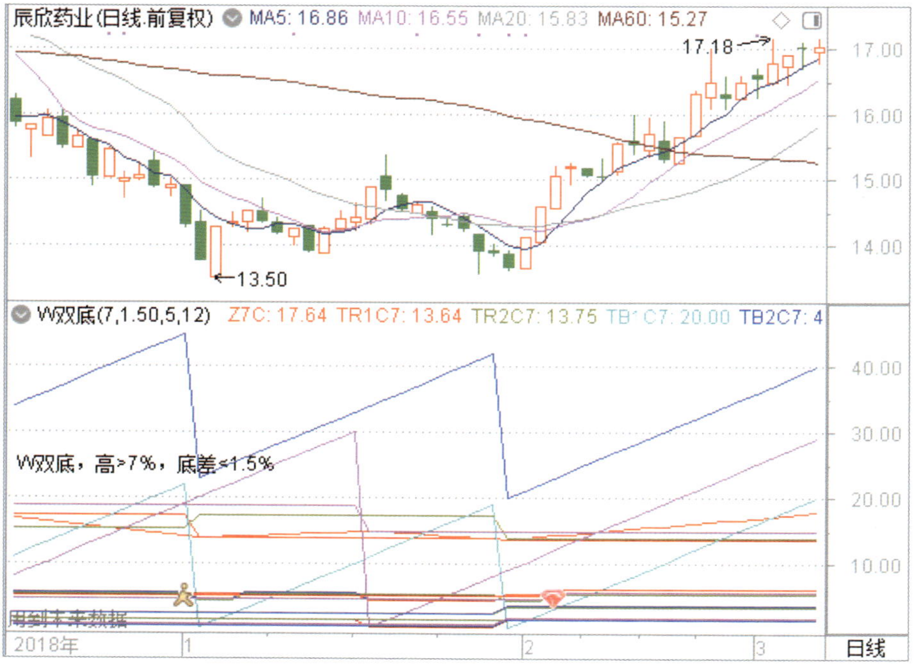


图5-6　W双底显示

这样的一张图，就算再怎么提示，也没有办法看。这是因为有些显示的数值太大，干扰了数值小的显示。将公式中部分“一”中的句子全部改成中间语句，“另存为”25号。再引入副图，如图5-7所示。

这张图就清晰了。可以看到：

（1）25号公式，有四个参数，缺省值“7，1.5，5，12”；

（2）公式简要说明“W双底，高>7%，底差<1.5%”；

（3）副图中最下面的一组显示线，表示公式“二”部分的要求WANT2；

（4）副图中中间的一组显示线，表示公式“三”部分的要求WANT3；

（5）副图中上面的一组显示线，表示公式“四、五、六” 三个部分的要求；“3、4、5”中显示的这些要求都是逻辑判断要求，不成立线在低位，成立线在高位。

（6）图中的“红钻石”图标代表信号点（提示点、参考点），符合全部要求，所有显示线都在高位的第一条K线处。

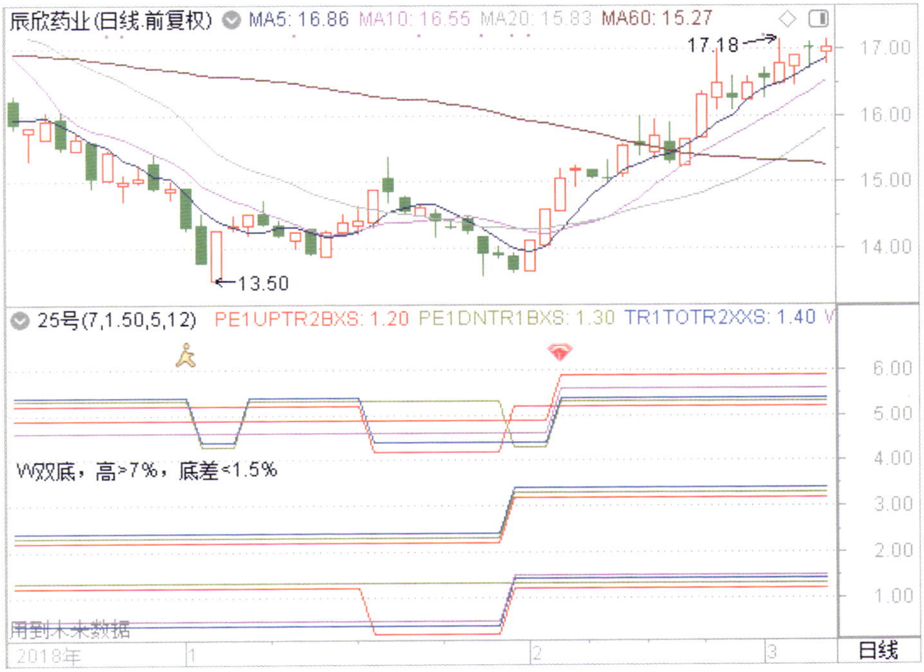


图5-7　25号

图中仍然有“用到未来数据”的提示。是的，公式中的ZIG类函数和BACKSET函数都是未来函数。但是，公式中用WANT5消除了ZIG类函数在本公式信号提示处的未来含义；BACKSET函数仅仅用于在提示点确定后向前寻找起点，不涉及以后，不含有未来含义。所以，本公式已经不带有未来函数的含义，在K线完成后出现的提示点不会因为后面的走势而变化。

图中的层次型排列的显示线表现出复杂公式的编写方法：先写简单的要求，用来合成分步要求；再将分步要求合成总要求，一级一级地堆积上去。用这样的方法，任何复杂的要求都可以编写、表示出来。

## 第四节　将显示公式改写成排序公式

用“历史行情·指标排序”选股，是一个很好的选股方法，它可以按照最近一个信号的出现处到今日的日数进行排序，一次即可选出今日、昨日、前日……出现提示信号的个股。详细请见第三章。

排序选股的另一个好处是，它的公式“排序公式”更容易编写，把显示公式（技术指标公式）适当改编后，另存为“排序公式”即可。特别是在有参数或参数较多时，更加便利，并且“排序公式”也可以引入副图中显示，以检查公式是否正确。

### 一、例1：把“11号”公式改成相对应的排序公式“11排序”

（1）为了防止误操作，先把“11号”另存为“11排序”。

接下来，我们再来改“11排序”。这样无论怎么改，改成什么样，都不会影响“11号”公式。

（2）确定我们要选出什么。

要选出的只有一个，就是“红钻石”图标指示的那个注意点（提示点、信号点），相关的句子是：WANT:= DNQJBIG >REF(DNQJBIG，1);

要的就是这个WANT点到今日的日数。

（3）把所有的句子都改成“中间句”（即全部使用赋值符“:=”）；

（4）在WANT句之后，加入句子：

WANTBAR：BARSLAST(WANT)，COLORCYAN；{要求点之后的日数}

（5）确定。

在“公式管理器”中，可以看到“11排序”公式，如图5-8所示。

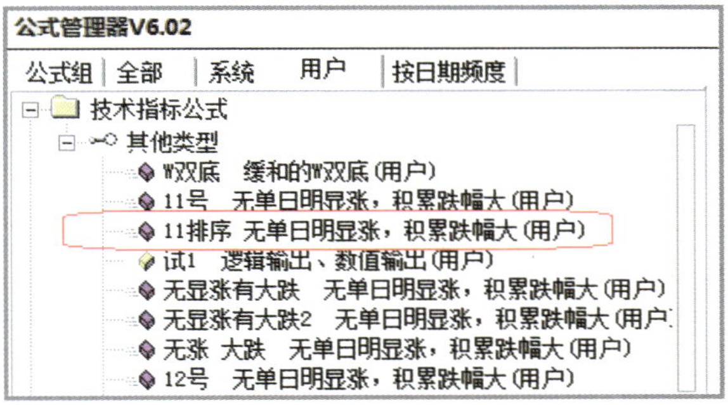


图5-8　11排序位置

把“11排序”引入副图，可看到只有一条显示线和提示点后的日数线，如图5-9所示。

图5-9　“11排序”显示

“11排序”的指标目录中，仅有“WANTBAR”一个项目；显示线仅有一条，其0值正好对应“11号”中的“红钻石”图标。

如果排序中有其他的显示线，请检查公式中是否残留有其他的输出句子。

设定多个排序指标：

排序公式可以设置多个排序项目。公式中的输出句，就是排序项目，一一对应，有几个输出句，就有几个排序项目。

我们把11号中的起点提示点也设为排序指标。方法：在“11排序”的“DNDIAN”句后加入句子：DOWNBAR：BARSLAST(DNDIAN)，COLO RLIRED;再另存为“11排序02”。

将“11排序02”引入副图显示，如图5-10所示。

图5-10　“11排序02”显示

指标目录中有两个显示项目：WANTBAR，DOWNBAR；

显示有两条线，增加的一条线就是起点（下跌起点）到今日的日数线，其0点对应于“跑步从人”图标。

## 二、例2：把“12号”公式改成相对应的排序公式“12排序”

尽管我们可以打开“12号”公式，开始修改，等修改完成后，再“另存为”。但这有点儿危险，如果不小心点了“确定”，原来的“12号”公式就没了。所以还是前面的方法好。

（1）打开“12号”，另存为“12排序”；再打开“12排序”进行编辑修改；

（2）要选出的目标项目只有1个，就是“红钻石”图标指示的那个注意点（提示点、信号点），相关的句子是：WANT:= DNQJBIG >REF(DNQJBIG,1) AND QIANZHFXIAO；{要求}

要的就是这个WANT点到今日的日数。

（3）把所有的句子都改成“中间句”（即全部使用赋值符“:=”）；

（4）在WANT句之后，加入句子：

WANTBAR: BARSLAST(WANT), COLORCYAN;

（5）确定。

把“12排序”引入副图，看到只有一条显示线和提示点的日数线，如图5-11所示。

图5-11　“12排序”显示

## 三、例3：把“25号”公式改成相对应的排序公式“25排序”

（1）打开“25号”，另存为“25排序”；再打开“25排序”进行编辑修改；

（2）要选出的只有一个，就是“红钻石”图标指示的那个注意点（提示点、信号点），相关的句子是：XINHAO:= WANT >REF(WANT，1) AND FILTER(WANT，10);

要的就是这个XINHAO点到今日的日数。

（3）把所有的句子都改成“中间句”（即全部使用赋值符“:=”）；

（4）在XINHAO句之后，加入句子：

XINHAOBAR: BARSLAST(XINHAO), COLORCYAN;

（5）确定。

把“25排序”引入副图，看到只有一条显示线，提示点的日数线，如图5-12所示。

“25排序”显示为一条线，从“红钻石”对应处开始。与前面例子不同的是，之前没有线。这是因为在已经读入内存的数百条K线中，只有这一个符合要求的“提示点”。

如果缩小K线图，将更多的K线读入内存，或修改参数要求，出现新的提示点后，“25排序”的显示线也会改变，从前一个提示点开始，到后一个提示点归0，再开始。

图5-12　“25排序”显示

排序和选股的操作方法，请详见第三章。

# 第五节　显示股票基本面数据的公式

F10是查看股票基本面的主要方式，经常查看基本面是很有好处的。但毕竟要翻来翻去地查看，也有点儿麻烦。如果能把一些经常查看的基本面数据直接显示在副图上就方便多了。

有些基本面内容，可以用股票公式的方式，直接在K线图上显示出来。下面我们就来谈谈这些显示方法和相关的公式。

## 一、板块内容的显示公式

股票有关板块的项目有很多，一般分为三个类别：行业、概念、地域。我们可以直接把它们写在K线图画面上，便于查看、了解。三个类别分别为：

（1）所属行业；

（2）所属地域；

（3）所属概念。

使用的函数是“板块字符函数”。

我们几乎可以在任何一个公式的后面加上这样四句：

ABHY：DRAWTEXT_FIX(CURRBARSCOUNT =30，0，0.0，0，HYBLOCK)；{ 行业 }

ABDY：DRAWTEXT_FIX(CURRBARSCOUNT =30，0，0.1，0，DYBLOCK)；{ 地域 }

ABGN：DRAWTEXT_FIX(CURRBARSCOUNT =30，0，0.2，0，GNBLOCK)；{ 概念 }

GXRQ:= 2019/07/06；{ 更新日期 }

用来显示股票的“行业、地域、概念”和公式更新日期。可以把它加在常用的指标上。

**1.例1：加在KDJ上**

如果经常使用KDJ，这是一个不错的选择。

（1）打开KDJ公式，修改名称为“KDJ板块”，另存为。就有了一个新公式；

（2）打开“KDJ板块”，在其最后加上前面说的四句，确定。公式就完成了。它的位置就在KDJ公式的超买超卖型一类之中。

（3）把“KDJ板块”引入副图，即可显示，如图5-13所示。

在“KDJ板块”的显示中可看到三行文字显示，显示这只股票：

在行业上属于“汽车类”；

在地域上属于“福建板块”；

在概念板块上属于“海峡西岸 燃料电池 百度概念 新能源车 无人驾驶”。

图5-13　KDJ板块

### 2.例2：加在25号上

同样，我们可以把那四句加到25号公式的最后面，并另存为“25号02”。再把25号02引入副图中，可以看到它的显示画面，如图5-14所示。

图5-14　25号02

图中的文字与显示线叠加在一起，影响观看。我们可以用适当减少显示线的方法解决这一问题。例如：把最上面一组显示线相应的句子都改成中间句。

**注意：**也可能在前移K线图时会发现这些文字显示消失了。这是因为在句子中使用的条件的原因。句子“ABHY: DRAWTEXT_FIX(CURRBARSCOUNT =30, 0, 0.0, 0, HYBLOCK);”中的显示条件是“CURRBARSCOUNT =30”，含义：K线是今日向前的第30条K线。当我们把K线图前移，这条“第30条K线”不在屏幕中时，条件也就不成立了，也就没有显示了。这时，把条件“CURRBARSCOUNT =30”改成“CURRBARSCOUNT =60”或“CURRBARSCOUNT =100”，可能文字又显示出来了。

当然，也可以把条件改成“C >0”，使文字显示永远都在。但这样的做法并不好，因为每条K线都满足这个条件，可以想象这些文字实际上是写了N遍的叠加。

可以改成“DAY =31”，虽然重复，但很少。可是，如果正好K线图中没有日期为31日的K线，文字也就不显示了。

说以上这些话的目的在于，公式是可以改动、改进、完善的。我们能用适当的改进，使得编写的公式更好地为我们服务。

## 二、专业财务数据内容的显示公式

专业财务数据有很多分类：每股指标数据、资产负债表数据、利润表数据、现金流量表数据、偿债能力分析数据、经营效率分析数据、发展能力分析数据、资本结构分析数据、股本股东数据、机构持股数据等。每一类都有很多项目。另外，还有关联财务函数、即时行情函数等。

几乎所有的软件都支持关联财务函数、即时行情函数，但只有一部分软件支持专业财务数据。我们可以根据需要选择。

### 1.例3：三种市盈率显示

在K线图的右侧区域中间，有显示“PE[动]”，这个就是动态市盈率。另外，还有静态市盈率、滚动市盈率。

**静态市盈率，**是用上一年收益（最近一期年报的）计算出的市盈率。

**TTM市盈率**（滚动市盈率），是以最近12个月（四个单季）的收益之和计算出的市盈率。

**动态市盈率，**是先用今年过去的季度的净利润推算整年的净利润（如果说用的是一季度数据，则直接乘以4；中报数据，乘以2；前三季度数据，乘以4/3），再用推算出来的年净利润计算出的市盈率。

一般来看，静态市盈率反映的情况最早，TTM市盈率时间周期是最近12个月，动态市盈率预测到年底。如果依次减小（正值），说明股票的价值在逐渐升高。

首先，列出要显示的项目以及显示位置，如表5-1所示。

**表5-1　PE项目显示表**

| Y\X | 0.60 | 0.65 | 0.70 | 0.75 |
|---|---|---|---|---|
| 0.10 | 项目 | 静态 PE | TTM-PE | 动态 PE |
| 0.22 | 数值 | | | |

**注意：**“X”指屏幕的X轴方向的位置；“Y”指屏幕的Y轴方向的位置（整个显示图区大小为1，中间为0.5）。

公式名称：**市盈率三种**

公式描述：三种市盈率：静态、TTM、动态

显示小数：缺省位数 （指标公式编辑器右上部）

{ 一. 表格的横向条目、竖向条目 }

{ 1. 表格的横向条目：项目、静态PE、TTM-PE、动态PE }

项目：DRAWTEXT_FIX(CURRBARSCOUNT =30，0.60，0.10，0，‘项目’)；

静态：DRAWTEXT_FIX(CURRBARSCOUNT =30，0.65，0.10，0，‘静态PE’)；

TTM：DRAWTEXT_FIX(CURRBARSCOUNT =30，0.70，0.10，0，'TTM-PE')；

动态：DRAWTEXT_FIX(CURRBARSCOUNT =30，0.75，0.10，0，'动态PE')；

{2. 表格的竖向条目：数值 }

数值：DRAWTEXT_FIX(CURRBARSCOUNT =30，0.60，0.22，0，'数值')；

{二. 静态PE、TTM-PE、动态PE }

JINGTPE:= DYNAINFO(38)； {静态PE}

JTPEXS：DRAWNUMBER_FIX( CURRBARSCOUNT =30，0.65，0.22，0，ROUND(JINGTPE) )；

TTMPE:= DYNAINFO(40)； {TTM-PE}

TTMPEXS：DRAWNUMBER_FIX( CURRBARSCOUNT =30，0.70，0.22，0，ROUND(TTMPE) )；

DONGTPE:= DYNAINFO(39)； {动态PE }

DTPEXS：DRAWNUMBER_FIX( CURRBARSCOUNT =30，0.75，0.22，0，ROUND(DONGTPE) )；

引入副图，可以看到显示，如图5-15所示。

图5-15　市盈率三种

有时会看到市盈率显示为负值，如图5-16所示。

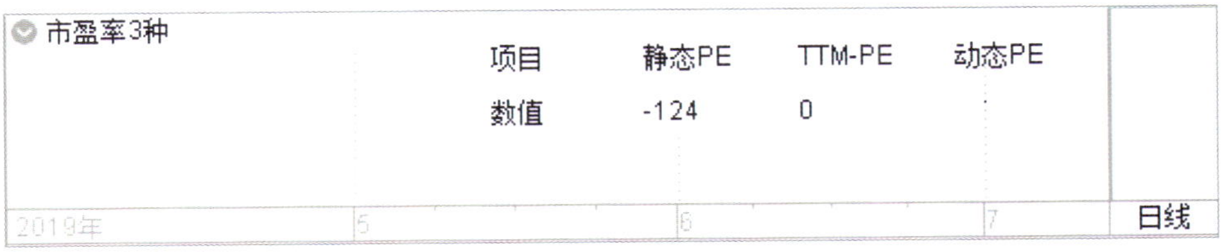


图5-16　市盈率为负值

这是由市盈率的计算习惯方法导致的。静态市盈率可以有负值，如果上年的收益是亏损，静态市盈率就是负值；TTM市盈率仅仅是正值和0，近来12个月总盈利是正的，就是正值，否则是0；动态市盈率仅有正值，盈利为0或亏损时，空白。

**2.例4：最近四个季度的单季度营业收益情况**

如果我们希望在K线图页面上能看到较多的营业利润数据，也可以用编写公式并引入副图显示的方法。

首先，选定要显示的项目，例如：最近四个季度每个单季度的营业收入/股、环比增长%、股收益、环比增长%、扣非收益、环比增长%；

第二步，列出显示的表格关系，初步确定每个显示的X轴向、Y轴向的位置数据，如表5-2所示；

**表5-2　收入收益项目显示表**

| Y \ X | 0.50 | 0.59 | 0.68 | 0.77 | 0.86 |
|---|---|---|---|---|---|
| 0.02 | 单季度（股） | 前 3 | 前 2 | 前 1 | 最新季度 |
| 0.13 | 营业收入 | | | | |
| 0.22 | 环比增长 | | | | |
| 0.33 | 股收益 | | | | |
| 0.42 | 环比增长 | | | | |
| 0.53 | 扣非收益 | | | | |
| 0.62 | 环比增长 | | | | |

第三步，编写公式，边编写边显示，适当改成中间语句，适当调整显示位置数据；

第四步，初步完成，检验核对，改善，完成。

公式名称：**单季收入收益**

公式描述：最近四个季度的单季度每股收入和收益

显示小数：缺省位数

```
{环比单季ROE，　三项六条}
{O.表格横向条目、竖向条目}
单季度说明：DRAWTEXT_FIX(CURRBARSCOUNT=50，0.50，0.02，0，'单季度(股)'),COLORWHITE;

{O.1.横向条目：前3、前2、前1、现季度}
JIDUSHU:= FINANCE(37);　{现季报的季度数：1、2、3、4。}
JIDUSHUXS：IF(DAY =31 OR ISLASTBAR，JIDUSHU，DRAWNULL)，COLORYELLOW；{现季报季度数确定显示高度}
```

RL0: IF(DAY =31, 0, DRAWNULL), COLORGRAY; {用0线标尺做低值，防止单值怪标尺}

{四个季度的说明。排列为：上3季度、上2季度、上1季度、现季度}

现季报数1: DRAWTEXT_FIX(CURRBARSCOUNT=50 AND JIDUSHU=1, 0.86, 0.02, 0, '一季度'),COLORWHITE;

现1前4: DRAWTEXT_FIX(CURRBARSCOUNT=50 AND JIDUSHU=1, 0.77, 0.02, 0, '四季度'),COLORWHITE;

现1前3: DRAWTEXT_FIX(CURRBARSCOUNT=50 AND JIDUSHU=1, 0.68, 0.02, 0, '三季度'),COLORWHITE;

现1前2: DRAWTEXT_FIX(CURRBARSCOUNT=50 AND JIDUSHU=1, 0.59, 0.02, 0, '二季度'),COLORWHITE;

现季报数2: DRAWTEXT_FIX(CURRBARSCOUNT=50 AND JIDUSHU =2, 0.86, 0.02, 0, '二季度'),COLORWHITE;

现2前1: DRAWTEXT_FIX(CURRBARSCOUNT=50 AND JIDUSHU=2, 0.77, 0.02, 0, '一季度'),COLORWHITE;

现2前4: DRAWTEXT_FIX(CURRBARSCOUNT=50 AND JIDUSHU=2, 0.68, 0.02, 0, '四季度'),COLORWHITE;

现2前3: DRAWTEXT_FIX(CURRBARSCOUNT=50 AND JIDUSHU=2, 0.59, 0.02, 0, '三季度'),COLORWHITE;

现季报数3: DRAWTEXT_FIX(CURRBARSCOUNT=50 AND JIDUSHU=3, 0.86, 0.02, 0, '三季度'),COLORWHITE;

现3前2: DRAWTEXT_FIX(CURRBARSCOUNT=50 AND JIDUSHU=3,

0.77，0.02，0，'二季度'),COLORWHITE;

现3前1：DRAWTEXT_FIX(CURRBARSCOUNT=50 AND JIDUSHU=3，0.68，0.02，0，'一季度'),COLORWHITE;

现3前4：DRAWTEXT_FIX(CURRBARSCOUNT=50 AND JIDUSHU=3，0.59，0.02，0，'四季度'),COLORWHITE;

现季报数4：DRAWTEXT_FIX(CURRBARSCOUNT=50 AND JIDUSHU = 4，0.86，0.02，0，'四季度'),COLORWHITE;

现4前3：DRAWTEXT_FIX(CURRBARSCOUNT=50 AND JIDUSHU=4，0.77，0.02，0，'三季度'),COLORWHITE;

现4前2：DRAWTEXT_FIX(CURRBARSCOUNT=50 AND JIDUSHU=4，0.68，0.02，0，'二季度'),COLORWHITE;

现4前1：DRAWTEXT_FIX(CURRBARSCOUNT=50 AND JIDUSHU=4，0.59，0.02，0，'一季度'),COLORWHITE;

{ JIDUSHU（FINANCEW(37)）是常数函数，所有K线都相同，仅仅用它做条件不适当。所以，要加入其他条件，如CURRBARSCOUNT等}

{ 标准的是ISLASTBAR，但CURRBARSCOUNT=50可避免右移K线图时显示消失}

{ O. 2. 竖向条目：营业收入、营收环比、股收益、收益环比、扣非收益、扣非环比}

YINGYESHOURSM：DRAWTEXT_FIX(CURRBARSCOUNT=50，0.50，0.13，0，'营业收入')，COLORLIRED;

YINGSHOUHUANBI：DRAWTEXT_FIX(CURRBARSCOUNT=50，0.50，0.22，0，'营收环比')，COLORLIRED;

GUSHOUYISM：DRAWTEXT_FIX(CURRBARSCOUNT=50，0.503，0.33，0，'股收益')，COLORYELLOW；

GUSHOUYIHB：DRAWTEXT_FIX(CURRBARSCOUNT=50，0.50，0.42，0，'收益环比')，COLORYELLOW；

KOUFEIGSYSM：DRAWTEXT_FIX(CURRBARSCOUNT=50，0.50，0.53，0，'扣非收益')，COLORCYAN；

KOUFEIGSYHB：DRAWTEXT_FIX(CURRBARSCOUNT=50，0.50，0.62，0，'扣非环比')，COLORCYAN；

{一．营业收入项目：单季度每股营业收入（元），环比增长率}

ZGB:=FINVALUE(238)，COLORCYAN；｛总股本，当时函数}

{1．营业收入。季报收益值}

YINGYESHOURU:=FINVALUE(74)，COLORRED；｛营业收入，序列函数}

{2．单季度营业收入。}

YINGSHOUDJNOW:=FINONE(230，0，0)，COLORRED；｛现在季度单季营业收入，现在函数}

YINGSHOUDJ1BF:=FINONE(230，0，1)，COLORLIRED；｛前1季度单季营业收入，现在函数}

YINGSHOUDJ2BF:=FINONE(230，0，2)，COLORYELLOW；｛前2季度单季营业收入，现在函数}

YINGSHOUDJ3BF:= FINONE(230, 0, 3), COLORGREEN; {前3季度单季营业收入，现在函数}

{ 2. 单季度每股营业收入 }

GUYINGSHOUDJNOW:= FINONE(230, 0, 0) /ZGB, COLORRED; {现在季度单季每股营业收入}

GUYINGSHOUDJ1BF:= FINONE(230, 0, 1) /ZGB, COLORLIRED; {前1季度单季每股营业收入}

GUYINGSHOUDJ2BF:= FINONE(230, 0, 2) /ZGB COLORYELLOW; {前2季度单季每股营业收入}

GUYINGSHOUDJ3BF:= FINONE(230, 0, 3)/ZGB, COLORGREEN; {前3季度单季每股营业收入}

{ 3. 单季度每股营业收入环比增长率。先标环比增长率，用其涨跌来确定红色、绿色}

GUYSNOWHUANBI:= (GUYINGSHOUDJNOW -GUYINGSHOUDJ1BF) / ABS(GUYINGSHOUDJ1BF) *100, COLORRED; {现季度单季的环比增长率}

GUYSNOWHBSZ: DRAWNUMBER_FIX( ISLASTBAR, 0.86, 0.22, 0, ROUND(GUYSNOWHUANBI) ), COLORRED;

GUYSNOWHBDNSZ: DRAWNUMBER_FIX( ISLASTBAR AND GUYSNOWHUANBI <0, 0.86, 0.22, 0, ROUND(GUYSNOWHUANBI) ), COLORGREEN; {如增长率为负值，换绿色标识}

GUYS1BFHUANBI:= (GUYINGSHOUDJ1BF -GUYINGSHOUDJ2BF) / ABS(GUYINGSHOUDJ2BF) *100, COLORRED; {上1季度单季的环比增长率}

GUYS1BFHBSZ: DRAWNUMBER_FIX( ISLASTBAR, 0.77, 0.22, 0, ROUND(GUYS1BFHUANBI) ), COLORRED;

GUYS1BFHBDNSZ: DRAWNUMBER_FIX( ISLASTBAR AND GUYS1BFHUANBI <0, 0.77, 0.22, 0, ROUND(GUYS1BFHUANBI) ), COLORGREEN;

GUYS2BFHUANBI:= (GUYINGSHOUDJ2BF -GUYINGSHOUDJ3BF) / ABS(GUYINGSHOUDJ3BF) *100, COLORRED;

GUYS2BFHBSZ: DRAWNUMBER_FIX( ISLASTBAR, 0.68, 0.22, 0, ROUND(GUYS2BFHUANBI) ), COLORRED;

GUYS2BFHBDNSZ: DRAWNUMBER_FIX( ISLASTBAR AND GUYS2BFHUANBI <0, 0.68, 0.22, 0, ROUND(GUYS2BFHUANBI) ), COLORGREEN;

{4. 单季每股营业收入，涨用红色、跌用绿色}

GUYSNOWDJSZ: DRAWNUMBER_FIX(ISLASTBAR, 0.86, 0.13, 0, GUYINGSHOUDJNOW), COLORRED; {现季度单季度每股营业收入}

GUYSNOWDJDNSZ: DRAWNUMBER_FIX(ISLASTBAR AND GUYSNOWHUANBI <0, 0.86, 0.13, 0,

GUYINGSHOUDJNOW), COLORGREEN; {如增长率为负值，换绿色标识。也就是营收下降了}

GUYS1BFDJSZ: DRAWNUMBER_FIX(ISLASTBAR, 0.77, 0.13, 0, GUYINGSHOUDJ1BF), COLORRED; {前1季度单季度每股营业收入}

GUYS1BFDJDNSZ: DRAWNUMBER_FIX(ISLASTBAR AND GUYS1BFHUANBI <0, 0.77, 0.13, 0, GUYINGSHOUDJ1BF),

COLORGREEN； {如增长率为负值，换绿色标识。也就是营收下降了}

GUYS2BFDJSZ：DRAWNUMBER_FIX(ISLASTBAR，0.68，0.13，0，GUYINGSHOUDJ2BF)，COLORRED；

GUYS2BFDJDNSZ：DRAWNUMBER_FIX(ISLASTBAR AND GUYS2BFHUANBI <0，0.68，0.13，0，GUYINGSHOUDJ2BF)，COLORGREEN；

GUYS3BFDJSZ：DRAWNUMBER_FIX(ISLASTBAR，0.59，0.13，0，GUYINGSHOUDJ3BF)，COLORCYAN；

{二. 每股收益项目：单季度每股收益（元），环比增长率}

{ZGB:= FINVALUE(238)，COLORCYAN；}

{1. 每股收益。 季报收益值}

GUSHOUYI:= FINVALUE(1)，COLORRED； {每股收益，序列函数。 可用于核对数值}

{2. 单季度净收益}

JINGLRDJNOW:= FINONE(232，0，0)，COLORRED； {现季度单季归属净利润，现在函数}

JINGLRDJ1BF:= FINONE(232，0，1)，COLORLIRED； {上1季度单季归属净利润，现在函数、常数}

JINGLRDJ2BF:= FINONE(232，0，2)，COLORYELLOW；

JINGLRDJ3BF:= FINONE(232，0，3)，COLORGREEN；

{3. 单季度每股净收益}

GUJINGLRDJNOW:= FINONE (232, 0, 0) /ZGB, COLORRED; {现季度单季每股收益，现在函数}

GUJINGLRDJ1BF:= FINONE(232, 0, 1) /ZGB, COLORLIRED; {上1季度单季每股收益，现在函数}

GUJINGLRDJ2BF:= FINONE(232, 0, 2) /ZGB COLORYELLOW;

GUJINGLRDJ3BF:= FINONE(232, 0, 3)/ZGB, COLORGREEN;

{4. 单季度每股净收益环比增长率及其标注}

GUJLRNOWHUANBI:= (GUJINGLRDJNOW -GUJINGLRDJ1BF) / ABS(GUJINGLRDJ1BF) *100, COLORRED;{现季度单季每股收益的环比增长率}

GUJLRNOWHBSZ: DRAWNUMBER_FIX( ISLASTBAR, 0.86, 0.42, 0, ROUND(GUJLRNOWHUANBI) ), COLORRED;

GUJLRNOWHBDNSZ: DRAWNUMBER_FIX( ISLASTBAR AND GUJLRNOWHUANBI <0, 0.86, 0.42, 0, ROUND(GUJLRNOWHUANBI) ), COLORGREEN; {如增长率为负值，换绿色标识}

GUJLR1BFHUANBI:= (GUJINGLRDJ1BF -GUJINGLRDJ2BF) / ABS(GUJINGLRDJ2BF) *100, COLORRED;

GUJLR1BFHBSZ: DRAWNUMBER_FIX( ISLASTBAR, 0.77, 0.42, 0, ROUND(GUJLR1BFHUANBI) ), COLORRED;

GUJLR1BFHBDNSZ: DRAWNUMBER_FIX( ISLASTBAR AND GUJLR1BFHUANBI <0, 0.77, 0.42, 0, ROUND(GUJLR1BFHUANBI) ), COLORGREEN;

```
GUJLR2BFHUANBI:= (GUJINGLRDJ2BF -GUJINGLRDJ3BF) / ABS(GUJINGLRDJ3BF) *100, COLORRED;

GUJLR2BFHBSZ: DRAWNUMBER_FIX(ISLASTBAR, 0.68, 0.42, 0, ROUND(GUJLR2BFHUANBI) ), COLORRED;

GUJLR2BFHBDNSZ: DRAWNUMBER_FIX(ISLASTBAR AND GUJLR2BFHUANBI <0, 0.68, 0.42, 0, ROUND(GUJLR2BFHUANBI) ), COLORGREEN;


{5. 单季度每股净收益标注}

GUJLRNOWDJSZ: DRAWNUMBER_FIX(ISLASTBAR, 0.86, 0.33, 0, GUJINGLRDJNOW), COLORRED;

GUJLRNOWDJDNSZ: DRAWNUMBER_FIX(ISLASTBAR AND (GUJLRNOWHUANBI <0 OR GUJINGLRDJNOW <0), 0.86, 0.33, 0, GUJINGLRDJNOW ), COLORGREEN;


GUJLR1BFDJSZ: DRAWNUMBER_FIX(ISLASTBAR, 0.77, 0.33, 0, GUJINGLRDJ1BF), COLORRED;

GUJLR1BFDJDNSZ: DRAWNUMBER_FIX(ISLASTBAR AND (GUJLR1BFHUANBI <0 OR GUJINGLRDJ1BF <0), 0.77, 0.33, 0, GUJINGLRDJ1BF), COLORGREEN;

GUJLR2BFDJSZ: DRAWNUMBER_FIX(ISLASTBAR, 0.68, 0.33, 0, GUJINGLRDJ2BF), COLORRED;

GUJLR2BFDJDNSZ: DRAWNUMBER_FIX(ISLASTBAR AND (GUJLR2BFHUANBI <0 OR GUJINGLRDJ2BF <0), 0.68, 0.33, 0, GUJINGLRDJ2BF), COLORGREEN;
```

GUJLR3BFDJSZ: DRAWNUMBER_FIX(ISLASTBAR, 0.59, 0.33, 0, GUJINGLRDJ3BF), COLORCYAN;

{三. 扣非每股收益项目：单季度每股扣非收益（元），环比增长率}

{ZGB:= FINVALUE(238), COLORCYAN;}

{1. 扣非收益。季报扣非收益值}

GUSYKOUFEI:= FINVALUE(2), COLORCYAN; {季报扣非每股收益，序列函数}

{2. 单季度扣非收益}

KFJLRDJNOW:= FINONE(233, 0, 0), COLORRED; {现季度单季扣非净利润，现在函数}

KFJLRDJ1BF:= FINONE(233, 0, 1), COLORLIRED; {上1季度单季扣非净利润，现在函数}

KFJLRDJ2BF:= FINONE(233, 0, 2), COLORYELLOW;

KFJLRDJ3BF:= FINONE(233, 0, 3), COLORGREEN;

{3. 单季度扣非每股收益}

GUKFJLRDJNOW:= FINONE(233, 0, 0) /ZGB, COLORRED; {现季度单季扣非每股收益，现在函数}

GUKFJLRDJ1BF:= FINONE(233, 0, 1) /ZGB, COLORLIRED; {上1季度单季扣非每股收益}

GUKFJLRDJ2BF:= FINONE(233, 0, 2) /ZGB COLORYELLOW;

GUKFJLRDJ3BF:= FINONE(233, 0, 3)/ZGB, COLORGREEN;

{4. 单季度扣非每股收益环比增长率及其标注}

GUKFJLRNOWHB:= (GUKFJLRDJNOW -GUKFJLRDJ1BF) / ABS(GUKFJLRDJ1BF) *100, COLORRED;{现季度单季扣非每股收益环比增长率}

GUKFJLRNWHBSZ: DRAWNUMBER_FIX( ISLASTBAR, 0.86, 0.62, 0, ROUND(GUKFJLRNOWHB) ), COLORRED;

GUKFJLRNWHBDN: DRAWNUMBER_FIX( ISLASTBAR AND GUKFJLRNOWHB <0, 0.86, 0.62, 0, ROUND(GUKFJLRNOWHB) ), COLORGREEN; {如增长率为负值，换绿色标识}

GUKFJLR1BFHB:= (GUKFJLRDJ1BF -GUKFJLRDJ2BF) / ABS(GUKFJLRDJ2BF) *100, COLORRED;

GUKFJLR1BFHBSZ: DRAWNUMBER_FIX( ISLASTBAR, 0.77, 0.62, 0, ROUND(GUKFJLR1BFHB) ), COLORRED;

GUKFJLR1BFHBDN: DRAWNUMBER_FIX( ISLASTBAR AND GUKFJLR1BFHB <0, 0.77, 0.62, 0, ROUND(GUKFJLR1BFHB) ), COLORGREEN;

GUKFJLR2BFHB:= (GUKFJLRDJ2BF -GUKFJLRDJ3BF) / ABS(GUKFJLRDJ3BF) *100, COLORRED;

GUKFJLR2BFHBSZ: DRAWNUMBER_FIX( ISLASTBAR, 0.68, 0.62, 0, ROUND(GUKFJLR2BFHB) ), COLORRED;

GUKFJLR2BFHBDN: DRAWNUMBER_FIX( ISLASTBAR AND

GUKFJLR2BFHB <0, 0.68, 0.62, 0, ROUND(GUKFJLR2BFHB) ), COLORGREEN;

{5. 单季度扣非每股收益标注}

GUKFJLRNOWDJSZ: DRAWNUMBER_FIX(ISLASTBAR, 0.86, 0.53, 0, GUKFJLRDJNOW), COLORRED; {现季度单季扣非每股收益}

GUKFJLRNWDJDNSZ: DRAWNUMBER_FIX( ISLASTBAR AND (GUKFJLRNOWHB <0 OR GUKFJLRDJNOW <0), 0.86, 0.53, 0, GUKFJLRDJNOW ), COLORGREEN; {如增长率为负值，换绿色标识}

GUKFJLR1BFDJSZ: DRAWNUMBER_FIX(ISLASTBAR, 0.77, 0.53, 0, GUKFJLRDJ1BF), COLORRED;

GUKFJLR1BFDJDN: DRAWNUMBER_FIX( ISLASTBAR AND (GUKFJLR1BFHB <0 OR GUKFJLRDJ1BF <0), 0.77, 0.53, 0, GUKFJLRDJ1BF ), COLORGREEN;

GUKFJLR2BFDJSZ: DRAWNUMBER_FIX(ISLASTBAR, 0.68, 0.53, 0, GUKFJLRDJ2BF), COLORRED;

GUKFJLR2BFDJDN: DRAWNUMBER_FIX( ISLASTBAR AND (GUKFJLR2BFHB <0 OR GUKFJLRDJ2BF <0), 0.68, 0.53, 0, GUKFJLRDJ2BF), COLORGREEN;

GUKFJLR3BFDJSZ: DRAWNUMBER_FIX(ISLASTBAR, 0.59, 0.53, 0, GUKFJLRDJ3BF), COLORCYAN;

{四. 板块、地区、概念，更新日期}

ABHY: DRAWTEXT_FIX(FILTER(C>0, 100), 0, 0.0, 0, HYBLOCK);

ABDY: DRAWTEXT_FIX(FILTER(C>0, 100), 0, 0.1, 0, DYBLOCK);

ABGN: DRAWTEXT_FIX(FILTER(C>0, 100), 0, 0.2, 0, GNBLOCK);

GXRQ:= 2019/07/07, COLORCYAN;

{THE END}

将公式“单季收入收益”引入副图，可看到最近四个季度各个单季度的每股营业收入、收益、扣非收益和它们的环比增长率，如图5-17、图5-18所示。

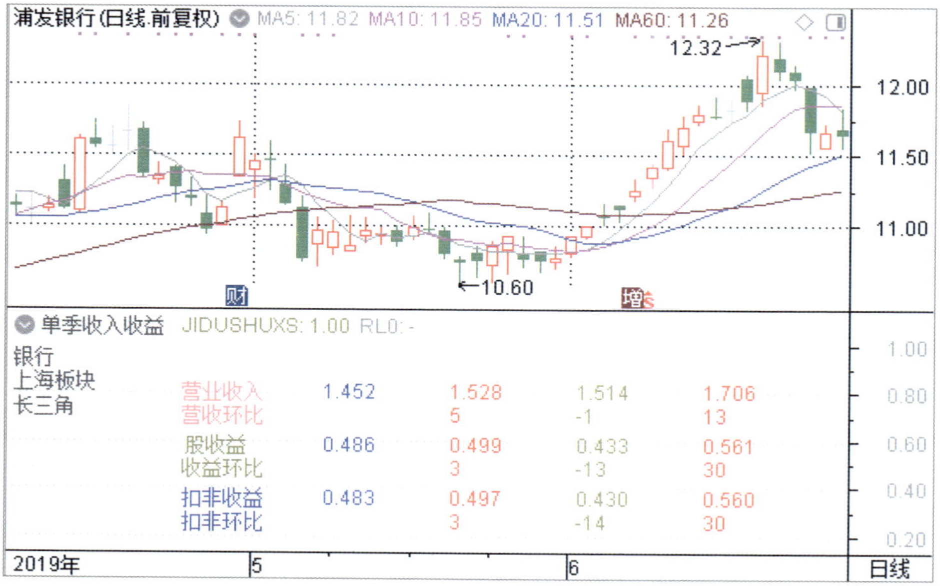


图5-17 单季收入收益1

图5-18　单季收入收益2

上面的公式中，有很多格式相同的句子，例如{ 4个季度的说明 }部分，为了能让公式自动区分并和排列最近四个季度的顺序，4句1组，格式相同重复四次，只要看懂一句，即可明白总的16句的含义。再例如{ 一 }中的3、4部分，为了用红色字标识向好增长、用绿色字标识向坏降低，也是几乎重复的句子，先用红色字写一次，如果下降，再用绿色字写一次覆盖红色字。

如果能看懂这个公式，说明已经具备了公式编写的能力。如果暂时还看不懂，只要多看几遍“公式函数列表”，再分析一下软件的自带公式，即可大幅增强公式编辑技术。胜利在望!

# 第六节　引　　用

## 一、指标引用

一个公式可以引用另一个公式的输出值，也就是引用另一个指标中的指标线。格式是:

指标名称：**指标线**

例如：引用KDJ中的D线，KDJ.D

引用MACD中的DEA线，MACD.DEA

引用“12号”中的WANTIC图标，12号.WANTIC

**注意：**

（1）如果引用中不带参数，就认为是默认缺省参数；

（2）如果连指标线名都没有，就默认是被引用指标的最后一条输出线。

**1.例1：引用KDJ的D线**

公式名称：**引用KDJ的D**

公式描述：引用KDJ的D线缺省、改参数

YINKDJD：KDJ.D，COLORBLUE；{引用KDJ的D}

YINDBIAN：KDJ.D(7,2,2)，COLORRED；{引用D线变参数}

方法：公式管理器—技术指标公式—其他类型—新建。当然也可以放到别的类型中。

建好公式后，放入副图中，并与副图2中的KDJ对照，如图5-19所示，可以看到：

（1）不带参数的引用D线——YINKDJD，与KDJ中的D线完全一样，采用的是缺省的参数值；

（2）把参数改成（7,2,2）引用的D线——YINDBIAN，与KDJ中的D线不一样。

如果把副图2中的KDJ的参数调整成（7，2，2），如图5-20所示。就会看到，把参数改成（7,2,2）引用的D线 — YINDBIAN，与KDJ中的D线完全一样，因为这时的KDJ的参数也是（7，2，2）了。

图5-19　引用KDJ的D线

图5-20　引用KDJ的D线变参数

### 2.例2：引用12号公式的信号

公式名称：**引用12的信**

公式描述：引用12号公式的信号线、图标

YY12XINHAO：12号.WANTXS，COLORGREEN；{引用12号公式的信号线}

YY12IC：12号.WANTIC；{引用12号公式的图标}

把“引用12的信”引入副图，并把副图2设置成12号，对照查看，如图5-21所示。

**图5-21　引用12的信**

（1）新公式中的信号线，与12号公式中的信号线“WANTXS”完全一样；

（2）12号公式的图标也被引用到新公式中，完全一样。

原来的12号公式写了那么多句，在新公式中只要两句就引用表达了。

指标所有有名称的输出，都可以被引用到其他的公式中。多种类型的输出：线、图标、文字、数字，都可以被引用。

## 二、跨周期引用

不同周期的指标，可以放在一个图中，也就是公式可以同时使用多个不同周期的数据。但仅限于在短周期中，引用长周期的指标；不能把短周期的指标引到长周期之中。这种跨周期引用需要使用操作符“#”，格式是：**指标.指标线#周期(参数)**

注意，别忘了中间的那个点“.”。

### 1.例3：KD日线中引用周线

以公式“KD”为基础，先把它的名称改为**“KD日线周线”**，另存为之后，再编写。

公式名称：**KD日线周线**

公式描述：在KD日线中引入周线指标

```
RSV:=(CLOSE-LLV(LOW,N))/(HHV(HIGH,N)-LLV(LOW,N))*100;
K:SMA(RSV,M1,1);
D:SMA(K,M2,1);
ZHOUK: KD.K#WEEK, COLORRED;
ZHOUD: KD.D#WEEK, COLORGREEN;
```

提示：最后两句是引用“技术指标公式KD”的K线（周线）和D线（周线）

将公式引入副图，如图5–22所示。

**图5-22　KD日线周线**

在图5-22中，指标KD日线在2月1日（周五）低位形成金叉；下一个交易日2月11日（周一）指标KD周线也在低位形成金叉。这样的日线和周线指标几乎同时形成金叉是难得的好机会（**注意：**2月2日—10日，放假）。

**注意：**未来数据并不全都包含在未来函数之中。虽然这个公式没有“用到未来函数”的注明，但它确实是未来函数，因为周线K、D的数值要到周五才能确定，在周一到周四它都是暂时数值。所以，在2月11日，周线K、D可能不是这样的。

所以，虽然可以引用长周期的指标到短周期之中，但要注意它们的不确定性要到长周期的结束时才能消除，才变成确定的数值。在此之前，参考意义是打折的。

**2.例4：MACD日线中引用周线**

以公式“MACD”为基础，先把它的名称改为“MACD日线周线”，另存为之后再编写。这里要注意，它的第三条输出线的输出形式是“COLORSTICK”高低竖线条，如果引用同样的显示，会相互覆盖、干扰。所以，如果要引用，只能变成线的形式。

公式名称：**MACD日线周线**

公式描述：在MACD日线中引入周线指标

```
DIF:EMA(CLOSE,SHORT)-EMA(CLOSE,LONG);
DEA:EMA(DIF,MID);
MACD:(DIF-DEA)*2,COLORSTICK;
ZHOUDIF: MACD.DIF#WEEK, COLORRED;
ZHOUDEA: MACD.DEA#WEEK, COLORGREEN;
ZHOUMACD: MACD.MACD#WEEK, COLORGRAY;
```

将公式MACD日线周线引入副图，如图5-23所示。

图5-23　MACD日线周线

在图5–23中，“周MACD”以一条线的形式显示，不影响日线的“MACD输出线”红蓝柱线；“周DIF”和“周DEA”先于日线指标向上行，并展开（**注意：**同样要考虑长周期指标在短周期中的未来函数性质）。

**注意：**被引用的指标线的周期是已经固定好的。例如：在例3、例4中，被引用的指标线都被“#WEEK”固定在周线周期上。所以，即使是被使用在60分钟K线上，被引用的仍然是周周期指标。如果把上图的周期换成60分钟，显示如图5–24所示。

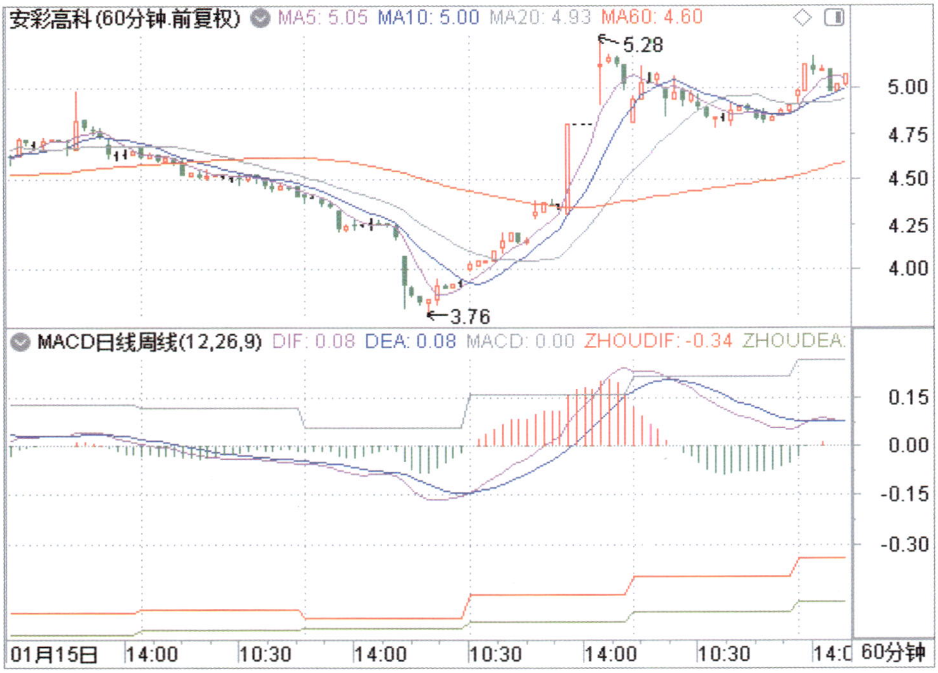


图5-24　60分钟MACD日线周线

如果换成周周期K线图，被引用的指标会与本周期指标完全重合，如图5–25所示。

图5-25　周线MACD日线周线

如果换成月周期K线图，被引用的指标虽然也会显示，但并不是每周意义的，而只是月末那周的数值，缺少了3周或4周的数值，如图5-26所示。所以，短周期的指标不能被引用到长周期中。

图5-26　月线MACD日线、周线

运用跨周期引用格式：**“指标.指标线#周期(参数)”**，我们可以引用各个周期的指标。引用周期有MIN1、MIN5、MIN15、MIN30、MIN60、DAY、

WEEK、MONTH，分别表示引用1分钟、5分钟、15分钟、30分钟、60分钟、日线、周线、月线的数值。

**提示：** 引用数据之前，应事先用“盘后数据下载”下载好股票数据。否则，因缺乏历史数据，可能会使引用的指标变成一条直线。

## 三、其他股票数据的引用

运用操作符“$”可以引用其他股票的数据指标。格式是：**"股票代码$数据"**。例如："000001$C" 表示引用股票000001的收盘价。

### 1.例5：KD中引用股票600000的KD

以公式“KD”为基础，另存为“KD引用600000”，然后修改编写。

公式名称：**KD引用600000**

公式描述：KD引用股票600000的KD做对照

```
RSV:=(CLOSE-LLV(LOW,N))/(HHV(HIGH,N)-LLV(LOW,N))*100;
K:SMA(RSV,M1,1);
D:SMA(K,M2,1);
K600: "600000$KD.K", COLORRED;
D600: "600000$KD.D", COLORGREEN;
```

将公式引入副图，如图5-27所示。

在图5-27中显示，从2018年底到2019年1月上旬，股票安彩高科的KD指标形态与股票600000浦发银行的KD指标基本一样；但1月中旬开始产生明显差异，1月底为相反状态，浦发银行处于超买钝化状态，安彩高科处于超卖状态，并形成向上金叉。有时这种股票之间的对照，能提供一些参考意见。

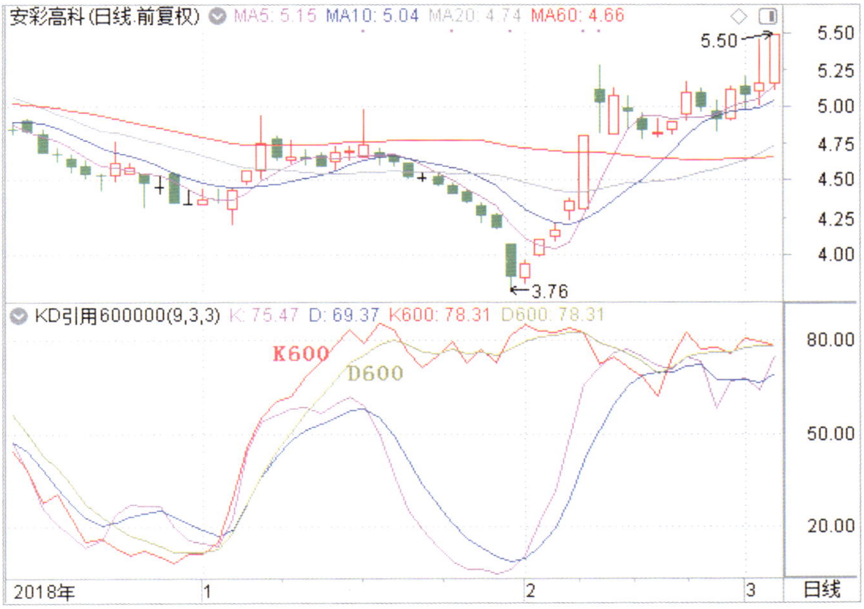


图5-27　KD引用600000

### 2.例6：KD中引用上证指数的KD

以公式“KD引用600000”为基础，另存为“KD引用上证指”，然后修改编写。

公式名称：**KD引用上证指**

公式描述：KD引用上证指数的KD做对照

```
RSV:=(CLOSE-LLV(LOW,N))/(HHV(HIGH,N)-LLV(LOW,N))*100;
K:SMA(RSV,M1,1);
D:SMA(K,M2,1);
K999: "999999$KD.K", COLORRED;
D999: "999999$KD.D", COLORGREEN;
```

将公式引入副图，如图5-28所示。

图5-28　KD引用上证指

在图5-28中显示，从2018年底到2019年1月上旬，安彩高科的KD指标与大盘基本一致；但1月中旬，安彩高科的走势与大盘对照出现差异，说明安彩高科走出有独立性的走势；到1月底2月初，安彩高科偏离大盘走势，处于严重超卖状态，并形成向上金叉。这种独立于大盘的走势，常常能提供有参考价值的信息。

引用其他股票数据的格式："股票代码$数据"，可以引用各类数据。究竟可以引用到何种程度，并没有明确的限制说明，可以多多尝试。“$数据”可以是$O、$H、$L、$C、$VOL、$AMOUNT，等等。这就好办了，因为有了这些基本的数据，几乎所有的指标都可以产生了。这样，对其他股票数据的引用，就几乎没有限制了。

# 附　录

# 常用的股票公式函数

股票公式由公式句子组成。公式句子中，除了句名、数字和说明文字以外，都是函数。可以说，股票公式就是对这些函数适当的使用，熟悉这些函数对编写公式是必要的。好在这些股票公式函数都简单、易懂，学习和运用它们只是一个熟练的过程。

# 第一部分　公式函数列表

为了查找和使用方便，按照含义和特点，股票公式函数可分成19类。见附图1。

附图1　公式函数列表

在股票K线图页面上，右击副图中的数字—修改当前指标公式（Alt + S）—指标公式编辑器—插入函数—全部函数—C收盘价，即可看到上图（附图1）。在图中：

（1）左侧列出了函数的分类，共19个；

（2）右侧列出各分类中包含的函数的名称；

（3）下面的说明方框中，给出了这个函数的用法、说明、例子。

（4）如果在“查找”的方框中输入某个函数名称，说明方框就会给出其用法、说明、例子。

这是一个“指标公式编辑器”中的“插入函数”窗口，在编写、修改指标公式时，用来选择、添加插入要使用的函数。找到所需要的函数并选择后，单击“确定”，就会在指标公式中光标的位置插入选定的函数。当然，还要把需要的参数填写进去。

我们现在的目的，是用它来寻找、查看、学习各个公式函数。如果单击“全部函数”，右侧就会列出全部公式函数。单击“序列行情函数”，右侧就会列出这一分类的函数。

下面我们就来看看常用的股票公式函数。

# 第二部分　常用的股票公式函数

## 一、序列行情函数

序列行情函数见附图2。

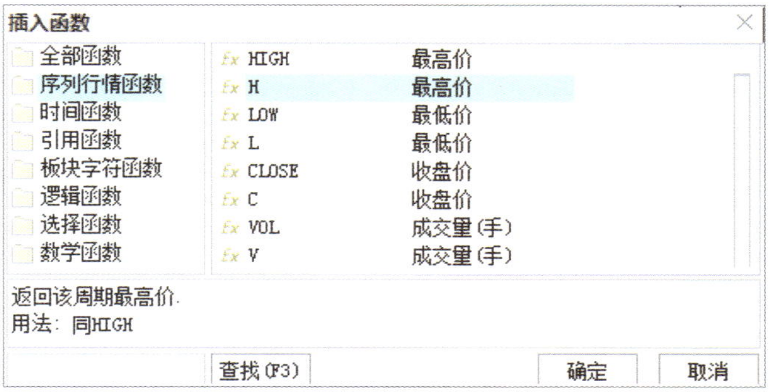


附图2　序列行情函数

H最高价：该周期最高价（全称HIGH）。

用法：H

**注意：**与即时行情函数DYNAINFO(5)不同。DYNAINFO函数大多数是最后那个周期的数值，是最新数、今天数、最后数，并设为常数，让每条K线的值都是一样的；H为序列数，每天数、当时数，每条K线有各自的数值。有些函数的中文名是相同的，但它们的含义可能有差别，这点要格外注意。

L 最低价：该周期最低价（全称LOW）。

用法：L

C 收盘价：该周期收盘价（全称CLOSE）。

用法：C

O 开盘价：该周期开盘价（全称OPEN）。

用法：O

V 成交量（手）：该周期成交量（全称VOL）。

用法：V

AMO 成交额：该周期成交额（元）（全称AMOUNT）。

用法：AMO

DHIGH 不定周期最高价：返回该不定周期最高价，属于未来函数。

DOPEN 不定周期开盘价：返回该不定周期开盘价，属于未来函数。

DLOW 不定周期最低价：返回该不定周期最低价，属于未来函数。

DCLOSE 不定周期收盘价：返回该不定周期收盘价，属于未来函数。

DVOL 不定周期成交量：返回该不定周期成交量价，属于未来函数。

**1.不定周期函数**

以“收盘价的之字转向”为开始和结束，将连续单向上涨或单向下跌的多个周期合并成为一个周期。收盘价的之字转向是看收盘价，只要由跌反涨，或由涨反跌，就转向；相等时，不转向。

不定周期函数的K线图，见附图3。它的公式是：

C0：C，COLORRED；　{收盘价}

DRAWKLINE(DHIGH，DOPEN，DLOW，DCLOSE)；{用不定周期函数画K线}

附图3　不定周期K线

## 2.未来函数

未来函数是一类特殊的函数，附图1中用红色“fx”把它们标记出来。未来函数的特点是会根据将来的数据修改自己，所以它有事后诸葛亮的特点，但未来函数很有用处。未来函数并不是在所有的K线上都有未来含义，在有些K线上是没有未来含义的，这由前后变化的程度决定。我们可以用其他的句子来选出和利用这些没有未来含义的部分K线。当然，这需要达到较高的水平，但并不难。

## 二、时间函数

时间函数见附图4。

**附图4　时间函数**

PERIOD 周期类型，取得周期类型，结果从0到13，依次是1/5/15/30/60分钟，日/周/月，多分钟，多日/季/年，5秒线/多秒线，13以上为自定义周期，见附表1。

例如：PERIOD =5 表示日线周期。

**附表1　周期类型与周期**

| 周期类型 | 0 | 1 | 2 | 3 | 4 | 5 | 6 | 7 | 8 | 9 | 10 | 11 |
|---|---|---|---|---|---|---|---|---|---|---|---|---|
| 分钟 | 1 | 5 | 15 | 30 | 60 | 日 | 周 | 月 | 多分 | 多日 | 季 | 年 |

DATE 日期：取得该周期从1900年以来的年月日。

用法：DATE 例如函数返回1181015，表示2018年10月15日。（DATE+1900 00 00 = 日期。编写语句时可先写“20181015”，再把前两个数字“20”改为“1”，变成1181015）

TIME 时间（时分）：该周期的时分（对分钟线有效）。

例如10:30结束的K线，TIME是1030；日K线，TIME =1500

YEAR 年份：该周期的年份。如2018年的K线，不管什么周期，YEAR =2018；同样，2017年内的K线，不管什么周期，YEAR =2017。

MONTH 月份：该周期的月份。本月内的K线，MONTH都是本月；3月份的，MONTH =3；7月份的，MONTH =7。

WEEKDAY 星期：该周期的星期数。周一的K线，WEEKDAY =1；周二的K线，WEEKDAY =2；…… 周五的K线，WEEKDAY =5。

DAY 日期：该周期的日期。日期1日的K线，DAY =1；日期2日的K线，DAY =2；日期3日的K线，DAY =3；……；月底31日的K线，DAY =31。

HOUR 小时：该周期的小时数。对以分钟为单位的周期有效，对于日线及更长的分周期值为0。

MINUTE 分钟：该周期的分钟数。对以分钟为单位的周期有效，对于日线及更长的分周期值为0。

例如：15分钟周期（PERIOD =2）时，各K线的HOUR值，MINUTE值见附表2：

**附表2　15分钟周期下各K线的HOUR和MINUTE值**

| K 线时间 | 9:45 | 10:00 | 10:15 | 10:30 | 10:45 | 11:00 | 11:15 | 11:30 | 13:15 | 13:30 |
|---|---|---|---|---|---|---|---|---|---|---|
| HOUR | 9 | 10 | 10 | 10 | 10 | 11 | 11 | 11 | 13 | 13 |
| MINUTE | 45 | 0 | 15 | 30 | 45 | 0 | 15 | 30 | 15 | 30 |

## 三、引用函数

引用函数见附图5。

DRAWNULL 无效数：无效数。

用法：DRAWNULL

例如：AA：IF(C >REF(C，1)，C，DRAWNULL)； C下跌时，分析图上不画线。

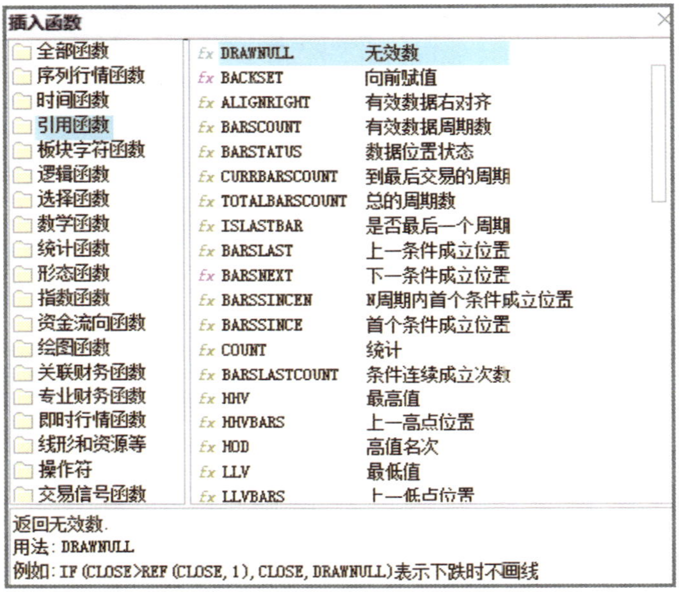


附图5　引用函数

**注意：**

（1）“空”与任何数据作计算或比较时，结果为“空”。例如：7 －DRAWNULL = DRAWNULL；

（2）“空”与任何数据逻辑比较时，结果为“空”。例如：－7>DRAWNULL = DRAWNULL；

（3）“空”也是一个值、一个状态。例如：AAA：IF(X =DRAWNULL，C，2)；是有意义的，其含义是：AAA的输出，当X =DRAWNULL时，为C，否则为2。

BACKSET　向前赋值：属于未来函数，将当前位置到若干周期前的数据设为1。

用法：BACKSET(X，N) 若X为1，则将当前位置到N周期前的数值设为1。

例如：BACKSET(C >O，2) 若收阳则将该周期及前一周期数值设为1，否则为0。

BARSCOUNT 有效数据周期数：求总的周期数（**注意：**受内存限制，内存数，起点为0）。

用法：BARSCOUNT(X) 第一个有效数据到当前的日数（序列数）

例如：BARSCOUNT(CLOSE) 对于日线数据取得上市以来总交易日数。

**注意：**“日数”和“天数”是有区别的。日数指的是交易日数目，不包括节假停盘日；天数指的是自然天数，包括节假停盘日。但实际上经常被混用，要注意识别。

**注意：**序列数据、非序列数据、区间数

序列数据指的是当时的数据，也叫当时数、当日数、本日数，是各条K线自己的数据，相互不一样（也有相等的情况），如C、H、L、O、V，等等。

非序列数据指的是某一指定的K线的数据，通常是最后的一条K线的数据，所以也是今日数、最后数，并设置成常数，对全部的K线都是一样的值，所以也称常数。

区间数，在区间内或区间的一部分内可能是常数化的，例如：HHV(X，N)，LLV(X，N)等，可以看成是半常数化的数。

**注意：**内存数、绝对数

内存数，指的是要读入内存后，才起作用的数据。（也称相对数）

绝对数，指的是不需要读入内存也能起作用的数据。

例如：某股票到今日的上市交易总日数为1 834日，自然天数是2 840天。在刚刚打开的页面上K线数不多，内存数TOTALBARSCOUNT =700，

或更少；绝对数FINANCE(42) =2 840。当缩小K线显示全部的K线后，TOTALBARSCOUNT =1 834，FINANCE(42) =2 840。

CURRBARSCOUNT 到最后交易的周期数：当日K线到今天的周期数。

用法：CURRBARSCOUNT 求到最后交易日的周期数（**注意：**不用参数，今日为1、昨日为2、前日为3……）。

TOTALBARSCOUNT 总的周期数：到今日的总周期数（**注意：**常数，内存数）。

用法：TOTALBARSCOUNT 求总的周期数。

ISLASTBAR：是否最后一个周期。

用法：ISLASTBAR 判断是否为最后一个周期。（如日线周期时，今日为1，其余为0。）

BARSLAST 上一次条件成立位置：上一次条件成立到当前的周期数。

用法：BARSLAST(X) 上一次X为真，到现在的日数。

例如：BARSLAST(C /REF(C ,1)>=1.1)；表示上一个涨停板到当前的周期数。

（**注意：**这个例子并不准确，因为实际中有很多涨停 <1.1倍。所以，比较好的公式是：BARSLAST(C >REF(C，1) *1.1 –0.01)；）

BARSSINCE 首个条件成立位置：第一个条件成立到当前的周期数。（**注意：**内存数，起点为0）

用法：BARSSINCE(X) 第一次X为1，到现在的K线数。

例如：BARSSINCE(H >10) 表示股价超过10元时到当前的周期数。

COUNT 统计：统计满足条件的周期数。

用法：COUNT(X，N) 统计N周期中满足X条件的周期数，若N=0则从第一个有效值开始。

例如：COUNT(C >O，20) 统计20周期内收阳的周期数。

HHV 最高值：求最高值。

用法：HHV(X，N) 求N周期内X最高值，N=0则从第一个有效值开始。

例如：HHV(H，30) 求近来30日的最高价的最高值。

HHVBARS 上一高点位置：求上一高点到当前的周期数。

用法：HHVBARS(X，N) 求N周期内X最高值到当前周期数，N=0，从第一个有效值开始。

例如：HHVBARS(H，0) 求得历史新高到当前的周期数。

HOD 高值名次：求高值名次。

用法：HOD(X，N) 求当前X数据是N周期内的第几个高值，N=0则从第一个有效值开始。

例如：HOD(H，20) 返回是20日的第几个高价。

LLV 最低值：求最低值。

用法：LLV(X，N) 求N周期内X最低值，N=0表示从第一个有效值开始。

例如：LLV(L，0) 求历史最低价。

LLVBARS 上一低点位置：求上一低点到当前的周期数。

用法：LLVBARS(X，N) 求N周期内X最低值到当前周期数，N=0，从第一个有效值开始。

例如：LLVBARS(L，20)；求近来20日的最低点到当前的周期数。

（**注意：**遇到X值相等时，取最近的一个。）

LOD 低值名次：求低值名次。

用法：LOD(X，N) 求当前X数据是N周期内的第几个低值，N=0则从第一个有效值开始。.

例如：LOD(L，20) 返回是20日的第几个低价。

REF 日前的：引用若干周期前的数据（平滑处理）。

用法： REF(X，A) 引用A周期前的X值，A可以是变量。

例如： REF(C，1) 上一周期的收盘价，在日线上就是昨日收盘价。

平滑处理：当引用不到数据时进行的操作。此函数中，平滑时使用上一个周期的引用值。例如： REF(C，BARSCOUNT(C) −1)表示第二根K线的收盘价。

REFX 日后的：引用若干周期后的数据（平滑处理），属于未来函数。

用法： REFX(X，A)，引用A周期后的X值，A可以是变量。

例如： REFX(C，2)，表示下2周期的收盘价，在日线上就是当日之后第2日的收盘价；如果没有，选择日期最近的值。今日的REFX(C，2) 就是C。

REFDATE 指定引用：引用指定日期的数据（平滑处理）。

用法：REFDATE(X，A)。

例如：REFDATE(C，1190316) 2019年3月15日的收盘价(A+19000000)（16日是周六）。

SUM 累和：求总和。

用法：SUM(X，N) 统计N周期中X的总和，N=0则从第一个有效值开始。

例如：SUM(VOL，10) 统计从10日以来的成交量总和。

（**注意：** 也可累计逻辑值，例如：SUM(C >O，5) 5日内的阳线数，与COUNT(C>O,5) 相同。）

FILTER 过滤：过滤连续出现的信号。

用法：FILTER(X，N) X满足条件后，将其后N周期内的数据设置为0。

例如：FILTER(C >O，5)查找阳线，之后的5天内再次出现的阳线不被记录。

SUMBARS 累加到指定值的周期数：向前累加到指定值到现在的周期数。

用法：SUMBARS(X，A) 将X向前累加直到大于等于A，返回这个区间的周期数。

例如：SUMBARS(VOL，CAPITAL)用于求完全换手到现在的周期数。

MA 简单移动平均，返回简单移动平均（就是求“简单移动平均”的值）。

用法： MA(X，M) X的M日简单移动平均。

SMA 移动平均：返回移动平均。

用法：SMA（X,N,M）X的M日移动平均，M为权重，例如:Y=(X*M+Y'*(N−M))/N。

MEMA 平滑移动平均：平滑移动平均（值）。

用法： MEMA(X，N) X的N日平滑移动平均，如Y=(X+Y'*(N−1))/N。MEMA(X，N)相当于SMA(X，N，1)。

EMA 指数移动平均：返回指数移动平均（值）。

用法： EMA(X，N) X的N日指数移动平均，算法：Y=(X*2+Y'*(N−1))/(N+1)。 EMA(X，N)相当于SMA(X，N+1，2)，N支持变量。

EXPMA 指数移动平均，与EMA相同。

RANGE 介于某个范围之间。

用法： RANGE(A，B，C)： A在B和C之间， B＜A＜C。（**注意**：不包含＝）

例如： RANGE(A，B，C) 表示A大于B同时小于C时返回1，否则返回0。

CONST 取值设为常数： 取最后的值为常量。

用法：CONST(A)； 取 A最后的值为常量。

例如：CONST(INDEXC) 取指数现价为常量。

TOPRANGE 当前值是近多少周期内的最大值。

用法：TOPRANGE(X) X是近多少周期内X的最大值。

例如：TOPRANGE(H) 表示当前最高价是近多少周期内最高价的最大值。

LOWRANGE 当前值是近多少周期内的最小值。

用法：LOWRANGE(X) X是近多少周期内X的最小值。

例如：LOWRANGE(L) 表示当前最低价是近多少周期内最低价的最小值。

FINDHIGH 寻找指定周期内的特定最大值：N周期前的M周期内的第T个最大值。

用法： FINDHIGH(VAR，N，M，T) VAR在N日前的M天内第T个最高价。

FINDHIGHBARS(X，N，M，T)　寻找指定周期内的特定最大值的位置：N周期前的M周期内的X的第T个最大值到当前周期的周期数。

用法：FINDHIGHBARS(VAR,N,M,T)　VAR在N日前的M天内第T个最高价到当前周期的周期数。

FINDLOW　寻找指定周期内的特定最小值：　N周期前的M周期内的第T个最小值。

用法：FINDLOW(VAR，N，M，T)　VAR在N日前的M日内第T个最低价。

（**注意**：FINDLOW(C，44，22，1)　求44日之前的22日内的第一个最低收盘价，也就是大约两个月之前的一个月中的最低收盘价。）

FINDLOWBARS　寻找指定周期内的特定最小值的位置：　N周期前的M周期内的第T个最小值到当前周期的周期数。

用法：FINDLOWBARS(VAR,N,M,T)　VAR在N日前的M天内第T个最低价到当前周期的周期数。

（**注意**：FINDLOWBARS(C，44，22，1)　求44日前的22日内的第一低的收盘价那日，到今日的日数。）

ZTPRICE　计算涨停价：返回涨停价。

用法：ZTPRICE(REF(C，1)，0.1)　按10%计算得到在昨收盘基础上的涨停价。（对于复权序列K线，由于复权处理，根据前一天的收盘价计算结果可能与涨停价不符。）

DTPRICE　计算跌停价：返回跌停价。

用法：DTPRICE(REF(C，1)，0.1)　按10%计算得到在昨日收盘基础上的跌停价（对于复权序列K线，由于复权处理，根据前一天的收盘价计算结果可能与跌停价不符。）

## 四、板块字符函数

板块字符函数见附图6。

附图6　板块字符函数

HYBLOCK 所属行业（字串）：返回品种所属行业。

用法：DRAWTEXT_FIX(ISLASTBAR，0，0，0，HYBLOCK) 在左上角显示所属行业板块。

（**注意：**字符串，即字串不能直接显示，需要用DRAWTEXT函数写出来。参见绘图函数。）

DYBLOCK 所属地域（字串）：返回品种所属地域。

用法：DRAWTEXT_FIX(CURRBARSCOUNT =30，0.9，0.9，0，

DYBLOCK）在屏幕右下角显示所属地域板块。

GNBLOCK 所属概念板块（字串）：返回所属概念板块。

用法：DRAWTEXT_FIX(ISLASTBAR，0，0，0，GNBLOCK) 在屏幕左上角显示所属概念板块。

FGBLOCK 所属风格板块（字串）：返回所属风格板块。

用法：DRAWTEXT_FIX(ISLASTBAR,0,0,0,FGBLOCK) 在屏幕左上角显示所属风格板块

NAMELIKE 模糊匹配品种名称：品种名称是否以参数开头。

用法：IF(NAMELIKE( 'ST' )，x，y)；　如果名称以“ST”开头，输出x；否则为y。

例如：MCKTZF：IF(NAMELIKE('天')，15，7)；　名称开头字符：有“天”=15；无=7。

**注意：**

（1）字符串（字串）不能直接显示，是需要用DRAWTEXT函数画出里的；

（2）数值，可以直接显示，也可以用DRAWNUMBER函数画出来；

（3）序列值字符串相加可以用VARCAT；

（4）非序列值字符串相加，才可以使用STRCAT。

## 五、逻辑函数

逻辑函数见附图7。

CROSS 上穿：两条线交叉。

用法：CROSS(A，B)：当A从下方向上穿过B时返回1，否则返回0。

例如：CROSS( MA(C，5)，MA(C，10) )；5日均线与10日均线交金叉。

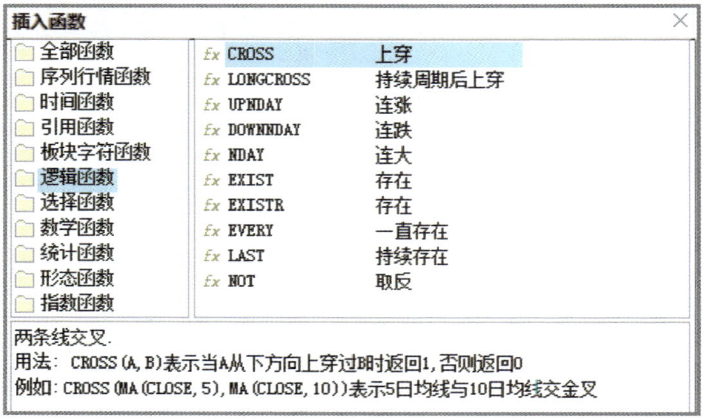


附图7　逻辑函数

UPNDAY 连涨：返回是否连涨周期数。

用法： UPNDAY(C，M)表示连涨M个周期。

DOWNNDAY 连跌：返回是否连跌周期。

用法： DOWNNDAY(C，M)　连跌M个周期。

NDAY　连大：返回是否持续存在X>Y。

用法： NDAY(C，OPEN，3)　连续3日收阳线。

EXIST　存在：是否存在。

用法：　EXIST(C>O，10)前10日内存在着阳线。（相当于COUNT(C>O，10)>0）

EXISTR(X，A，B)　存在：是否存在(前几日到前几日间).

例如：EXISTR(CLOSE>OPEN，10，5)　表示从前10日内到前5日内存在着阳线，　若A为0，表示从第一天开始，B为0，表示到最后日为止。

EVERY一直存在：一直存在。

用法：EVERY(C>O，10)前10日内一直阳线。（**注意：**与COUNT(C>O,10)=10相同）

LAST 持续存在

用法：LAST(X，A，B) 表示从前A日到前B日一直满足X条件（A>B）。

例如：LAST(C >O，10，5) 从前第10 日到前第5日（共6日），一直是阳线。若A为0，表示从第一天开始，B为0，表示到最后日为止。

NOT 取反：求逻辑非。

用法：NOT(X) 返回非X，即当X=0时返回1，否则返回0。

例如：NOT(C >O) 平盘或收阴。（**注意：**“ISUP”已不能使用。）

## 六、选择函数

选择函数见附图8。

IF 条件判断：根据条件选不同的值。（IFF与IF相同）

用法：IF(X，A，B) 若 X为1，则返回A，否则返回B。

例如：IF(C >O，H，L)表示该周期收阳，则返回最高值，否则返回最低值。

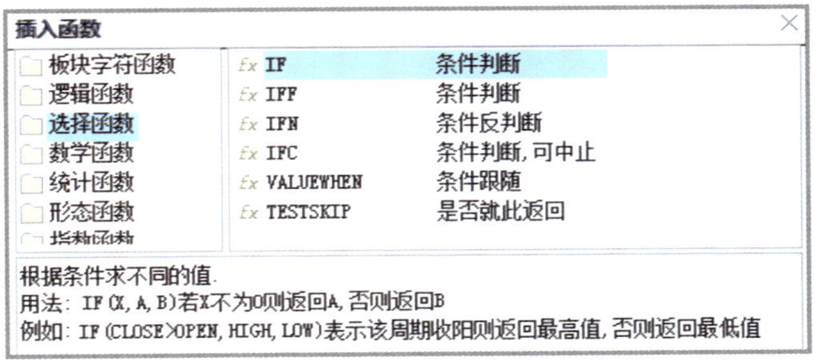


附图8　选择函数

VALUEWHEN 条件跟随。

用法：VALUEWHEN(COND，X) 当COND条件成立时，取X当前值，否则取VALUEWHEN的上个值。

TESTSKIP 是否就此返回。

用法：TESTSKIP(A) 表示如果满足条件A，则该公式直接返回，不再计算接下来的表达式。若A为非序列数据，只取最后一个数据，就是今天的数据。

（**注意：**今天数，非序列数据，今天的、最后的、最新值，常数化的，所有K线都一样；每天数，序列数据，每天的、当时的，每条K线各自不一样。）

## 七、数学函数

数学函数见附图9。

MAX 较大值：求两者中的较大值。

用法：MAX(A，B) 返回 A和B中的较大值。

例如：MAX(C－O，0) 若收盘价大于开盘价取它们的差值，否则取0。

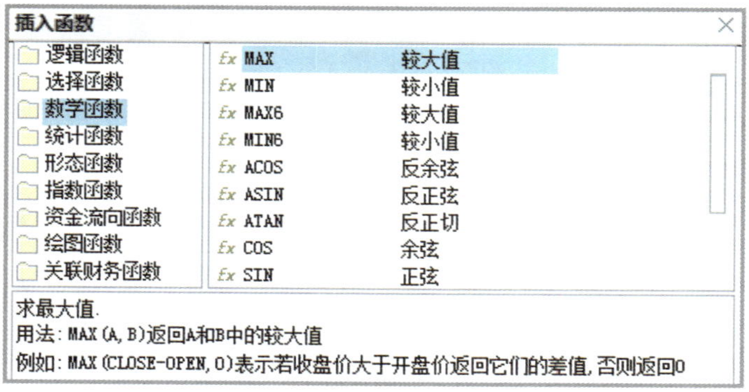


附图9 数学函数

MIN 较小值：求两者中的较小值。

用法：MIN(A，B) 返回 A和B中的较小值。

例如：MIN(C，O) 返回开盘价和收盘价中的较小值。

MAX6 最大值：求六个参数中的最大值。

用法：MAX6(A，B，C，D，E，F) 返回其中的最大值。

ABS 绝对值：求绝对值。

用法：ABS(X) 返回 X的绝对值。

例如：ABS(−34) 返回 34。

CEILING 向上舍入：向上舍入。

用法：CEILING(A) 返回沿A数值增大方向最接近的整数。

例如：CEILING(12.3) 得13；CEILING(−3.5) 得 −3。

FLOOR 向下舍入：向下舍入。

用法：FLOOR(A) 返回沿A数值减小方向最接近的整数。

例如：FLOOR(12.3) 得12；FLOOR(−3.5)；：得 −4。

INTPART 取整。

用法：INTPART(A) 返回沿A绝对值减小方向最接近的整数。

例如：INTPART(12.3) 得12；INTPART(−3.5) 得 −3。

BETWEEN 介于。

用法：BETWEEN(A，B，C) 表示A处于B和C之间时返回1，B=< A =<C或C=< A =<B（**注意**：包括“=”）；否则返回0。

例如：BETWEEN( C，MA(C，10)，MA(C，5) ) 表示收盘价介于5日均线和10日均线之间。

（**注意：**与RANGE相似，但有区别。RANGE(A，B，C) 要求B <C，并且不包括A =B 或A =C。）

FRACPART 小数部分。

用法：FRACPART(X) 返回X的小数部分。

例如：FRACPART(3.14) 返回0.14。

ROUND 四舍五入。

用法：ROUND(X) 返回X四舍五入到个位的数值。

例如：ROUND(3.14) 返回3。

SIGN 符号，取符号。

用法：SIGN(X) 返回X的符号，X>、=、< 0时，分别返回1、0、−1。

## 八、统计函数

统计函数见附图10。

附图10 统计函数

AVEDEV(X，N)　平均绝对偏差：返回平均绝对偏差。

STD(X，N)　估算标准差（方差的平方根）。

VAR(X，N)　估算样本方差。

$$s_N^2 = \frac{1}{N}\sum_{i=1}^{N}(x_i - \overline{x})^2$$

RELATE(X,Y，N)　相关系数：返回X和Y的N周期的相关系数。

（**注意：**其有效值范围在 －1～1，可以理解为X、Y在变化的方向、幅度上的一致性和相反性，没关系=0，完全一致=1，完全相反=－1。例如：RELATE(C，C，10) =1，RELATE(C，C*0.314，10) =1，RELATE(C，–C，10) = –1，RELATE(H，L，10) = RELATE(L，H，10) (可以交换顺序)）

BLOCKSETNUM　板块股票个数（横向统计）。

用法：BLOCKSETNUM(板块名称)　返回该板块股票个数。

板块名称支持系统板块：（上证A股，深证A股，沪深A股，中小企业板，创业板，自选股，临时条件股，板块指数等），地区，行业，概念，风格，指数，组合和自定义板块，注意名称要准确（此函数计算有较大耗时，请谨慎用于画线指标）。

INSORT　板块指标排序：（横向统计）返回该股在板块中的排序序号。

## 九、形态函数

形态函数见附图11。

COST 成本分布：成本分布情况。（与WINNER相对应）

用法： COST(10) 10%获利盘的价格是多少，即有10%的持仓量在此价格以下，其余90%在该价格以上，为套牢盘。该函数仅对日线分析周期有效。

（**注意：**应该说，这仅仅是个估计的数字。）

PEAK 波峰值：前 M个ZIG转向波峰值。（属于未来函数）

用法： PEAK(K，N，M） 之字转向ZIG(K，N)的前M个波峰的数值，M>=1。

例如： PEAK(H，5，1） %5 最高价ZIG转向的上一个波峰的数值。

PEAKBARS 波峰位置：前M个ZIG转向波峰到当前距离。（属于未来函数）

用法：PEAKBARS(K，N，M） 之字转向ZIG(K，N)的前M个波峰到当前的周期数，M>=1。

例如：PEAKBARS (C，5，1)%5收盘价ZIG转向的上一个波峰到当前的周期数。

（**注意：**PEAKBARS(C，N，1) =0，就是峰1的位置。）

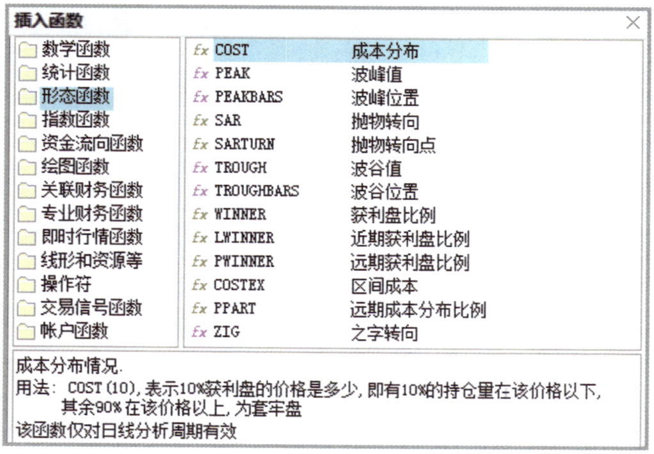


附图11　形态函数

TROUGH 波谷值：前 M个ZIG转向波谷值。（属于未来函数）

用法：TROUGH(K，N，M) 之字转向ZIG(K，N)的前M个波谷的数值，M>=1。

例如：TROUGH(L，5，2) %5 最低价ZIG转向的前两个波谷的数值。

TROUGHBARS 波谷位置：前 M个ZIG转向波谷到当前距离。（属于未来函数）

用法：TROUGHBARS(K，N，M) 之字转向ZIG(K，N)的前M个波谷到当前的周期数。

例如：TROUGH(L, 5, 2) %5最低价ZIG转向的前两个波谷到当前的周期数。

WINNER 获利盘比例（与COST相对应）。

用法：WINNER(C) 以当前收盘价卖出的获利盘比例，以小数表示，0.1表示10%。

例如：WINNER(10.5)表示10.5 元价格的获利盘比例。

该函数仅对日线分析周期有效。

COSTEX 区间成本。

用法：COSTEX( C，REF(C，A)) 表示近A+1日收盘价格间筹码的成本。

例如：返回20 表示区间成本为20 元。

ZIG 之字转向（属于未来函数）。

用法：ZIG(X，N) 当X的变化量超过N%时转向。

例如： ZIG(C，5) 收盘价的5%的ZIG转向。

（**注意：**ZIG(X，N) 函数中，X有时会用数字，仅限于：0 —开盘价，1—

最高价，2 —最低价，3 —收盘价，例如：ZIG(3，5）就是ZIG(C，5)。知道即可，不建议这样用。）

## 十、指数函数

指数函数见附图12。

INDEXA　大盘的成交额：　返回对应的大盘成交额。

INDEXADV　大盘的上涨家数：　返回对应的上涨家数。

INDEXDEC　大盘的下跌家数：　返回对应的下跌家数。

INDEXC　大盘的收盘价：返回对应的大盘收盘价，分别是上证指数，深证成指，中小板指和创业板指，港股为恒生指数，国内期货为对应的L9指数品种。(对应指数的数据必须要先下载到本地)

（**注意：**在沪A个股中使用时，是上证指数；在深圳主板中的股票中使用时，是深证成指；在中小板股票中使用时，是中小板指；在创业板股票中使用，是创业板指。）

（**注意：**“对应指数的数据必须要先下载到本地”：使用前，应先做好“盘后数据下载”，否则可能不能正常显示。）

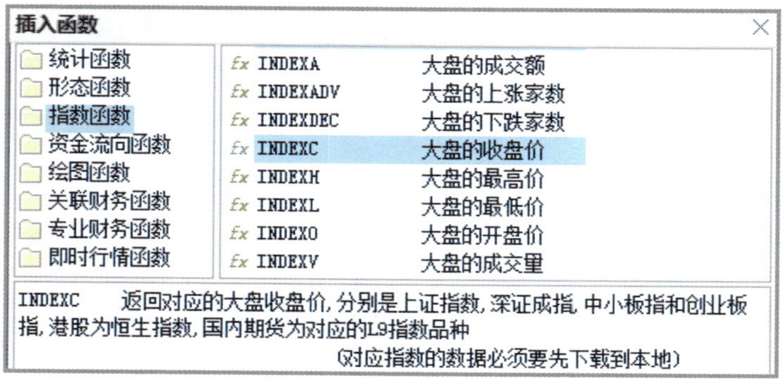


附图12　指数函数

INDEXH　大盘的最高价：　返回对应的大盘最高价。

INDEXL　大盘的最低价：　返回对应的大盘最低价。

INDEXO　大盘的开盘价：　返回对应的大盘开盘价。

INDEXV　大盘的成交量：　返回对应的大盘成交量。

HY-INDEXC　行业指数的收盘价：返回对应的行业指数收盘价。

## 十一、绘图函数

绘图函数见附图13。

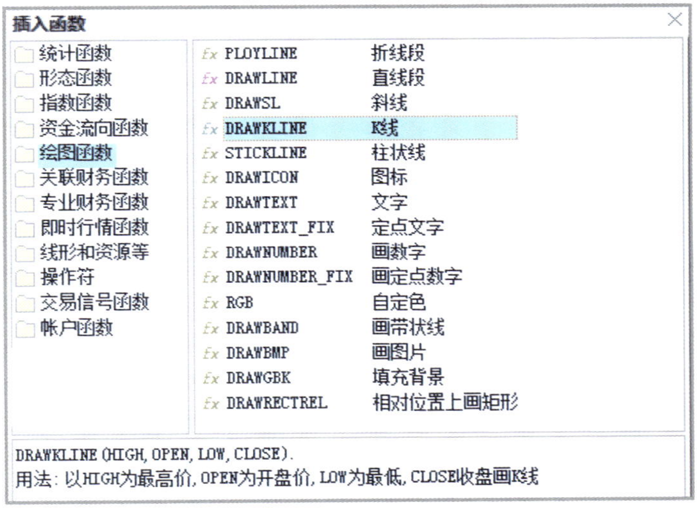


附图13　绘图函数

PLOYLINE　折线段：　绘制折线段。

用法：PLOYLINE(COND，PRICE)，当COND满足时，以PRICE 为顶点画折线连接。

例如：PLOYLINE(H >=HHV(H，20)，H)　在创20 天新高点之间画折线。

（**注意：** H>HHV(H，20）是不可能的条件，所以，上面的条件就是H =HHV(H，20)。还有其最后一段线是延长线，往往是不正确的。）

DRAWLINE　直线段：绘制直线段。（属于未来函数）

用法：DRAWLINE(COND1，PRICE1，COND2，PRICE2，EXPAND)；当COND1满足时，在PRICE1画直线起点，当COND2满足时，在PRICE2画直线终点，EXPAND为延长类型。

例如：DRAWLINE(H >=HHV(H，20)，H，L <=LLV(L，20)，L，1)；在创20天新高与创20天新低之间画直线并且向右延长。

（**注意：**关于EXPAND数值的含义，不同的软件可能不同。一般来说：0 表示不延长；1向右延长；2向左延长；3双向延长。但大多数情况下只有：0不延长；其他数值都是向右延长。）

DRAWKLINE　K线：绘制K线。

用法：DRAWKLINE(H，O，L，C) 以 H 为最高价，O为开盘价，L 为最低价，C收盘画K线。

STICKLINE 柱状线：在图形上绘制柱状线。

用法：STICKLINE(COND，PRICE1，PRICE2，WIDTH，EMPTY)，当COND条件满足时，在PRICE1 和PRICE2位置之间画柱状线，宽度为WIDTH(0.1～10，2与K线同宽)，EMPTH（0实心柱，1空心柱）。

例如：STICKLINE(C >O，C，O，0.8，1) 画阳K线的空心柱体部分。

DRAWICON　图标：绘制小图标。

用法：DRAWICON(COND，PRICE，TYPE)　当COND满足时，在PRICE位置画TYPE图标。

例如：DRAWICON(C >O，L，1)　表示当收阳时在最低价位置画1号图标。

图标一共有41个，如附图14所示。

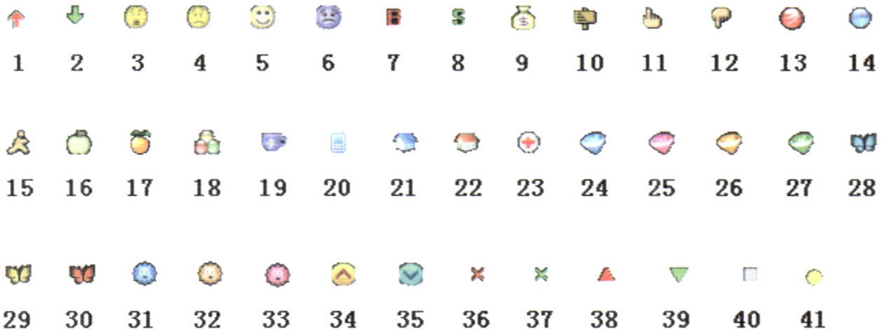


附图14　图标

DRAWTEXT　文字：写显示文字。（在指标排序中显示字符串栏目）

用法：DRAWTEXT(COND，PRICE，TEXT)　当COND条件满足时，在PRICE位置书写文字TEXT。

例如：DRAWTEXT(C/O >1.08，H，'大阳线')　表示当日涨幅大于8%时在最高价位置显示“大阳线”字样。

（**注意：**TEXT需要用 ' ' 括起来，如上面的 '大阳线'，' ' 是英文输入状态的。如果TEXT是已经定义的字串，不必用 ' '。）

DRAWNUMBER　画数字：画出数字。

用法：DRAWNUMBER(COND，PRICE，NUMBER)　当COND条件满足时，在PRICE位置书写数字NUMBER。

例如：DRAWNUMBER(C /O >1.08，L*0.95，C)表示当日实体阳线大于8%时在最低价之下（0.95倍）位置显示收盘价。

DRAWTEXT_FIX　定点文字：固定位置显示文字，在指标排序中显示字符串栏目。

用法：DRAWTEXT_FIX(COND，X，Y，TYPE，TEXT)　当COND条件满

足时，在当前指标窗口内(X，Y)位置书写文字TEXT。X、Y为书写点在窗口中相对于左上角的百分比，TYPE：0为左对齐，1为右对齐。

例如：DRAWTEXT_FIX(CURRBARSCOUNT=1 AND C /O >1.08，0.5，0.5，0，'大阳线' ) 表示最后一个交易日实体阳线大于8%时在窗口中间位置显示“大阳线”字样。

DRAWNUMBER_FIX　定点数字：固定位置显示数字。

用法：DRAWNUMBER_FIX(COND，X，Y，TYPE，NUMBER) 当COND条件满足时，在当前指标窗口内(X，Y)位置书写数字NUMBER，X、Y为书写点在窗口中相对于左上角的百分比，TYPE：0为左对齐，1为右对齐。

例如：DRAWNUMBER_FIX(CURRBARSCOUNT=1 AND C /O >1.08，0.5，0.4，0，C)表示最后一个交易日实体阳线大于8%时在窗口中间偏上的位置显示收盘价。

## 十二、关联财务函数

关联财务函数见附图15。

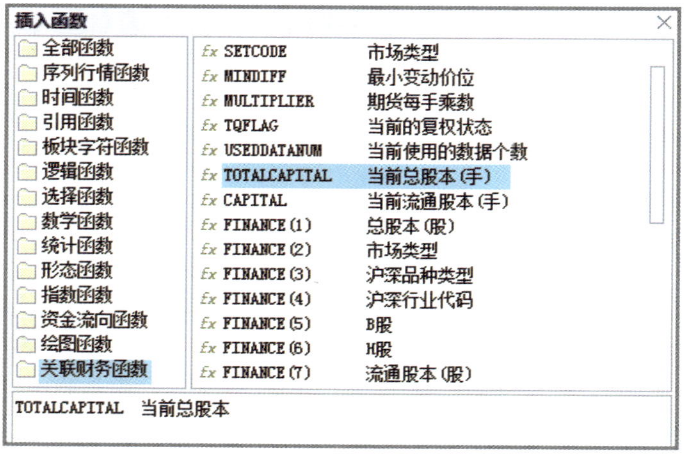


附图15　关联财务函数

TOTALCAPITAL　当前总股本（手）（**注意：**现在值、最新值、今日值）。

CAPITAL　当前流通股本（手）（现在值）。

FINANCE(1)总股本（股），随时间可能有变化。（**注意：**当时值、序列值、当日值）。

FINANCE(7)　流通股本（股），随时间可能有变化。（当时值）。

**注意：**有些函数的取值只取最新一条K线的值，并赋予所有的K线。例如TOTALCAPITAL，假设某股的总股本3月份是100万手，4月份10送10后变成200万手，5月份再送10变成400万手，并保持到现在，那么，它所有K线的TOTALCAPITAL都是400万手，包括历史上的，而不管当时是多少。这样的取值就是现在值、最新值、今日值。

FINANCE(5)　B股

FINANCE(6)　H股

FINANCE(7)　流通股本(股)

FINANCE(8)　股东人数

FINANCE(9)　资产负债率

FINANCE(10)　总资产

FINANCE(37)　第几季报

FINANCE(38)　每股收益(最近一期)

FINANCE(40)　流通市值

FINANCE(41)　AB股总市值

FINANCE(42)　上市的天数

## 十三、专业财务函数

专业财务函数见附图16。

**注意：**专业财务数据只引用当时的季报数据，并以季节变换日为数据变化日。它不管当时的实际数据，例如：送转增发导致股本变化时，并不会从变化日表现；只有等到季报出来，才会在换季度点开始显示。另外，在使用前需要用[专业财务数据]下载。

FINVALUE 专业财务数据（序列）：引用专业财务数据。

用法：FINVALUE(ID)　ID为数据编号（见FINONE后的数据编号表）

FINONE　专业财务数据（指定日期）：引用指定年和月日的某类型的财务数据。

用法：FINONE(ID, Y, MMDD)　ID为数据编号，Y和MMDD表示年和月日。

如果Y和MMDD都为0，表示最新的财报；

如果Y为0，MMDD为小于300的数字，表示最近一期向前推MMDD期的数据；如果是331，630，930，1231这些，表示最近一期的对应季报的数据；

如果MMDD为0，Y为一数字，表示最近一期向前推Y年的同期数据；

季报分界点为：0331，0630，0930，1231。

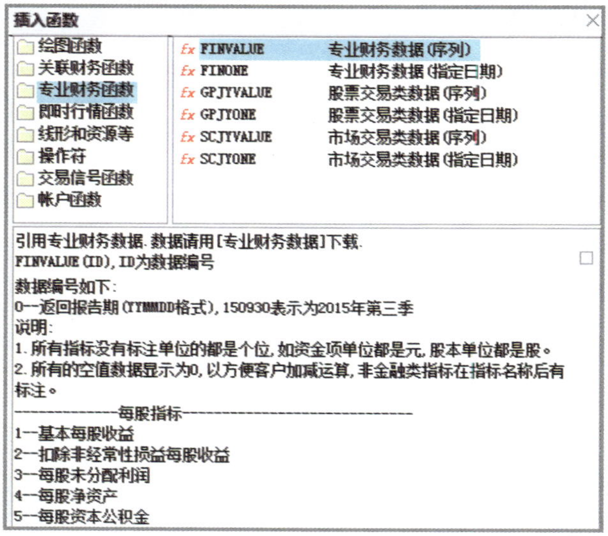


附图16　专业财务函数

数据编号如下：

0—返回报告期(YYMMDD格式)，150930表示为2015年第三季。

说明：

（1）所有指标没有标注单位的都是个位，如资金项单位都是元,股本单位都是股。

（2）所有的空值数据显示为0，以方便客户加减运算，非金融类指标在指标名称后有标注。

每股指标：

1 —基本每股收益；

2 —扣除非经常性损益每股收益；

3 —每股未分配利润；

4 —每股净资产。

资产负债表：

8 —货币资金；

9 —交易性金融资产；

10 —应收票据；

11 —应收账款。

现金流量表：

98 —销售商品、提供劳务收到的现金；

99 —收到的税费返还；

100 —收到其他与经营活动有关的现金；

101 —经营活动现金流入小计。

偿债能力分析、经营效率分析、发展能力分析、获利能力分析、资本结构分析、现金流量分析、单季度财务指标、股本股东、机构持股、新增指标。

GPJYVALUE　股票交易类数据（序列）：引用股票交易类数据。

用法：GPJYVALUE(ID，N，TYPE)　ID为数据编号，N表示第几个数据，TYPE：为1表示做平滑处理，没有数据的周期返回上一周期的值；为0表示不做平滑处理。

股票交易类数据函数，数据编号如下：

1—股东人数 股东户数（户）；

2—龙虎榜　买入总计（万元）卖出总计（万元）；

3—融资融券 融资余额（万元）融券余量（股）；

4—大宗交易 成交均价（元）成交额（万元）；

5—增减持　成交均价（元）变动股数(股);

6—陆股通持股量　持股数量（股）；

7—陆股通市场成交净额　陆股通市场净买入(万元);

8—龙虎榜机构(卖方)数据　卖方机构个数 机构卖出金额(万元);

9—龙虎榜机构(买方)数据　买方机构个数 机构买入金额(万元);

10—近三月机构调研情况　近三月机构调研次数近三月调研机构数量。

GPJYONE　股票交易类数据（指定日期）：引用某天某种类型的股票交易类数据。

用法：GPJYONE(ID，N，Y，MMDD)，ID为数据编号，N表示第几个数据，Y和MMDD表示年和月日。如果Y为0，MMDD为0，表示最新数据；MMDD为1，2，3，表示倒数第2，3，4个数据。

SCJYVALUE　市场交易类数据（序列）：引用市场总的交易类数据。

用法：SCJYVALUE(ID，N，TYPE)　ID为数据编号，N表示第几个数据，

TYPE:为1表示做平滑处理，没有数据的周期返回上一周期的值；为0表示不做平滑处理。

市场交易类数据函数，数据编号如下:

1—融资融券沪深融资余额（万元） 沪深融券余额(万元)；

2—陆股通资金流入 沪股通流入金额（亿元） 深股通流入金额(亿元)；

3—沪深涨停股个数 涨停股个数 曾涨停股个数；

4—沪深跌停股个数 跌停股个数 曾跌停股个数；

5—上证50股指期货 净持仓(手)；

6—沪深300股指期货 净持仓(手)；

7—中证500股指期货 净持仓(手)；

8—ETF基金规模数据 ETF基金规模(亿) ETF净申赎(亿)；

9—每周新增投资者 新增投资者(万户)。

SCJYONE市场交易类数据（指定日期）：引用某天某种类型的市场总的交易类数据。

用法：SCJYONE(ID，N，Y，MMDD) ID为数据编号，N表示第几个数据，Y和MMDD表示年和月日。如果Y为0，MMDD为0，表示最新数据；MMDD为1，2，3……表示倒数第2，3，4……个数据。

## 十四、即时行情函数

即时行情函数见附图17。

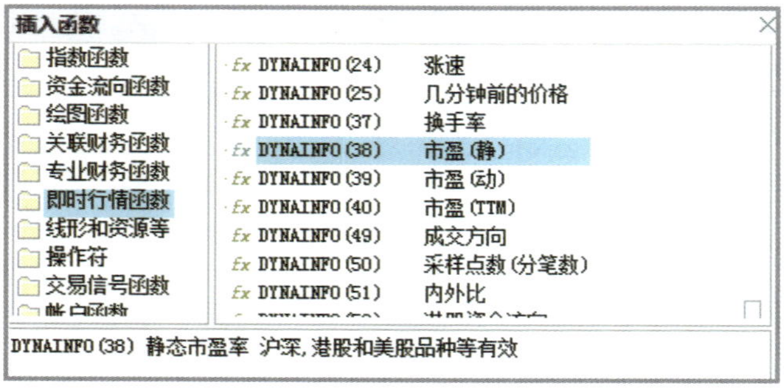


附图17　即时行情函数

DYNAINFO(4) 开盘价，即时行情数据，在开盘前，值为0，在使用时需要判断。

DYNAINFO(37) 换手率，转换成幅度需要乘100，比如0 25表示换手25%；

DYNAINFO(38) 静态市盈率，沪深，港股和美股品种等有效；

DYNAINFO(39) 动态市盈率，即时行情数据，沪深品种有效；

DYNAINFO(40) 市盈率(根据最近12个月的每股收益得到的市盈率)，即时行情数据。

## 十五、线形和颜色属性

线形和颜色属性见附图18。

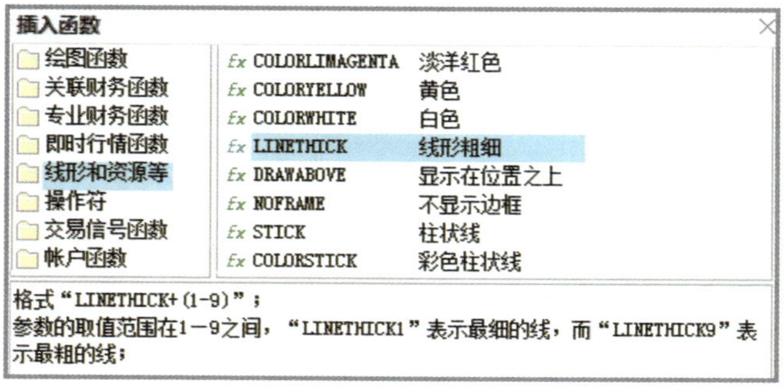


附图18　线形和资源等

COLOR 自定义色。

格式为COLOR+“BBGGRR”： BB、GG、RR 表示蓝色、绿色和红色的分量，每种颜色的取值范围是00-FF，采用了16进制。

例如：MA5：MA(C，5)，COLOR00FFFF 表示纯红色与纯绿色的混合色；COLOR808000表示淡蓝色和淡绿色的混合色。

COLORBLACK画黑色；

COLORRED 画红色；

COLORLIRED 画淡红色；

COLORBLUE 画蓝色；

COLORLIBLUE 画淡蓝色；

COLORGREEN 画绿色；

COLORCYAN 画青色；

COLORYELLOW画黄色；

COLORBROWN 画棕色；

COLORWHITE 画白色；

COLORMAGENTA画洋红色。

LINETHICK 线型粗细。

格式：LINETHICK+(1-9)， 参数的取值范围在1-9。LINETHICK1表示最细的线，而LINETHICK9表示最粗的线。

STICK 柱状线：画柱状线。

COLORSTICK 画彩色柱状线。数据为正数时，向上画红色柱状线，反之向下画绿线。

VOLSTICK 画彩色成交量柱状线，股价上涨显示红色空心柱，下跌则显示绿色实心柱。

LINESTICK 同时画出柱状线和指标线；

CROSSDOT 画小叉线；

POINTDOT 画小圆点线；

DOTLINE 画虚线；

NODRAW 空线条：名称、数值会照样显示，线条不显示。

PLAYSOUND1 播放1号，声音和动画在[插入资源]中设置，最后一个数据满足条件后播放（只播放一次）。

## 十六、操 作 符

操作符见附图19。

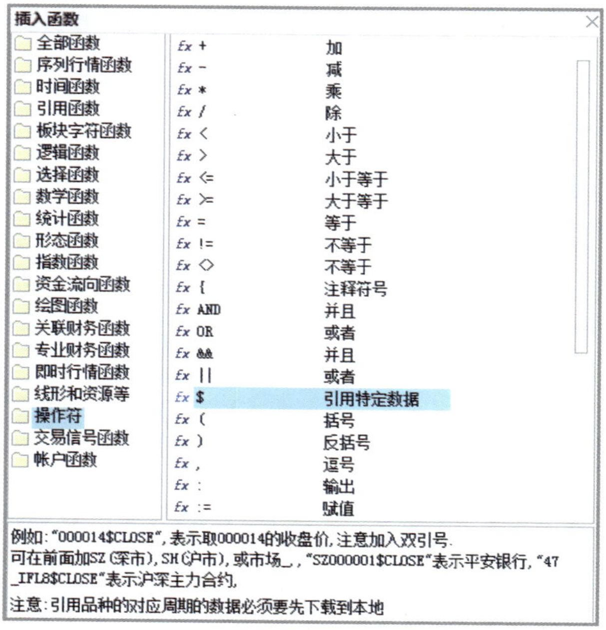


附图19　操作符

加、减、乘、除；

等于、大于、小于、不等于；

注释符号、括号；

并且、或者。

**注意：操作符的优先级**（见附表3）

C语言运算符的优先级（从高到低）（可只看与操作符有关的）

**附表3 操作符的优先级**

| 优 先 级 | 描 述 | 运 算 符 |
|---|---|---|
| 1 | 括号 | ()、[] |
| 2 | 正负号，自增自减，非 | +、-、++、--、! |
| 3 | 乘除，取余 | *、/、% |
| 4 | 加减 | +、- |
| 5 | 移位运算 | <<、>>、>>> |
| 6 | 大小关系 | >、>=、<、<= |
| 7 | 相等关系 | ==、!= |
| 8 | 按位与 | & |
| 9 | 按位异或 | ^ |
| 10 | 按位或 | \| |
| 11 | 逻辑与 | AND（&&） |
| 12 | 逻辑或 | OR （\|\|） |
| 13 | 条件运算 | ?: |
| 14 | 赋值运算 | :、:=、=、+=、-=、*=、/=、%= |
| 15 | 位赋值运算 | &=、\|=、<<=、>>=、>>>= |
| 16 | 逗号 | , |

简单记忆就是：括号 > 算术运算符 > 关系运算符 > 逻辑与AND > 逻辑或OR > 赋值运算符；逗号运算符的优先级最低。

$ 引用特定数据

# 跨周期引用符号

## 十七、交易信号函数

交易信号函数见附图20。

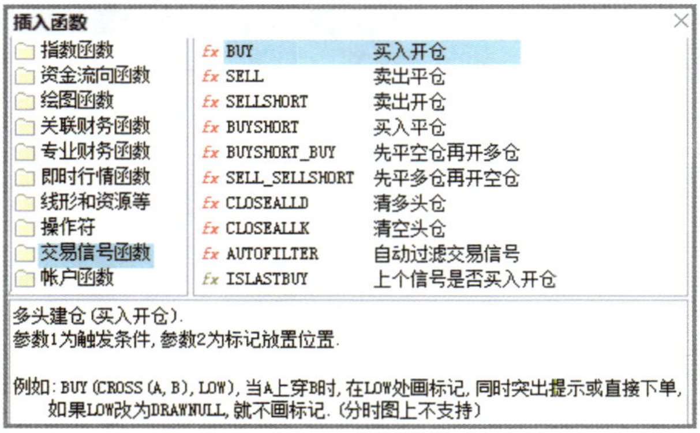


附图20　交易信号函数

## 十八、账户函数

账户函数见附图21。

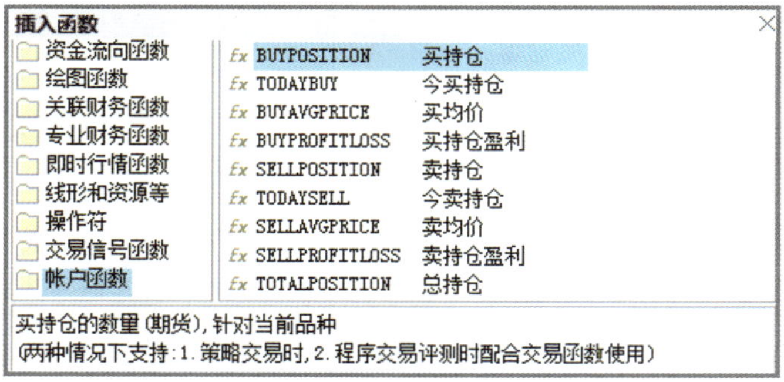


附图21　账户函数